A CRISE PERMANENTE

FUNDAÇÃO EDITORA DA UNESP

Presidente do Conselho Curador
Mário Sérgio Vasconcelos

Diretor-Presidente
Jézio Hernani Bomfim Gutierre

Superintendente Administrativo e Financeiro
William de Souza Agostinho

Conselho Editorial Acadêmico
Danilo Rothberg
Luis Fernando Ayerbe
Marcelo Takeshi Yamashita
Maria Cristina Pereira Lima
Milton Terumitsu Sogabe
Newton La Scala Júnior
Pedro Angelo Pagni
Renata Junqueira de Souza
Sandra Aparecida Ferreira
Valéria dos Santos Guimarães

Editores-Adjuntos
Anderson Nobara
Leandro Rodrigues

MARC CHESNEY

A CRISE PERMANENTE
O PODER CRESCENTE DA OLIGARQUIA FINANCEIRA E O FRACASSO DA DEMOCRACIA

© 2020 Editora Unesp

Direitos de publicação reservados à:
Fundação Editora da Unesp (FEU)
Praça da Sé, 108
01001-900 – São Paulo – SP
Tel.: (0xx11) 3242-7171
Fax: (0xx11) 3242-7172
www.editoraunesp.com.br
www.livrariaunesp.com.br
atendimento.editora@unesp.br

Dados Internacionais de Catalogação na Publicação (CIP) de acordo com ISBD
Elaborado por Vagner Rodolfo da Silva – CRB-8/9410

C524c
Chesney, Marc
    A crise permanente: o poder crescente da oligarquia financeira e o fracasso da democracia / Marc Chesney. – São Paulo: Editora Unesp, 2020.

    Inclui bibliografia.
    ISBN: 978-85-393-0825-5

    1. Economia. 2. Mercado financeiro. I. Título.

2020-135   CDD 332.6
                                            CDU336.76

Editora afiliada:

Asociación de Editoriales Universitarias
de América Latina y el Caribe

Associação Brasileira de
Editoras Universitárias

À minha família, a todos os meus
À memória dos meus pais

O cônsul-geral da Suíça em Frankfurt seleciona todos os anos uma obra recém-publicada e convida o autor a apresentá-la no Salão do Livro de Frankfurt. Em 2014, este livro, em sua versão alemã, teve a honra de ser selecionado.

O autor agradece à Universidade de Zurique pela liberdade acadêmica que lhe foi outorgada. Agradece também em especial aos seus colegas e amigos Paul Dembinski e Jean-Charles Rochet pelos comentários elucidativos e pelas judiciosas observações que foram muito úteis a este livro. Seus agradecimentos se estendem também a Sylvain Collette das Presses Polytechniques et Universitaires Romandes e Alexandre Shargorodsky, pela frutífera troca de ideias em diferentes momentos da elaboração deste livro na versão francesa, e igualmente a Pedro de Souza pela excelente tradução do francês para o português. O autor agradece ainda à sua esposa pela releitura minuciosa do texto em português.

Por fim, o autor expressa o mais profundo reconhecimento aos seus pais, cuja personalidade, coragem e cultura guiaram sua pluma e a cuja memória dedica este livro do fundo do coração.

Sumário

Prefácio   11

Introdução – O naufrágio da civilização em nome de sua salvação   15

1   Ontem e hoje   17

O *trader*, mercenário do século XXI   18

Uma guerra sem fronteiras   22

Como chegamos a essa situação   27

A manipulação e o controle da opinião pública   28

O poder dos *lobbies* da oligarquia financeira   30

2   É vão procurar satisfazer os mercados financeiros   33

Os efeitos devastadores da crise   34

O papel nebuloso dos bancos centrais   37

O engodo da União bancária   42

Os planos de austeridade   43

A ditadura dos mercados financeiros   44

A Grécia sob tutela   45

A quem querem enganar?   50

Quebrar o tabu da dimensão excessiva e da complexidade dos mercados financeiros   51

3 Liberalismo: a esfera financeira é crente, mas não praticante   57

Da primeira à segunda globalização   58

Em que consiste o liberalismo?   60

Uma oligarquia financeira paramentada com as vestes do liberalismo   62

Um nível de endividamento colossal   68

4 As características da finança-cassino   73

A bolsa à velocidade da luz e o pôquer mentiroso   73

As transações de balcão   77

As apostas da finança-cassino   78

Os produtos estruturados enganadores   81

BRC (Barrier Reverse Convertible)   81

Doublo, um produto proposto pelas caixas de poupança na França   82

O setor bancário que não desempenha mais seu papel   83

O engodo dos testes de estresse   88

As agências de avaliação de risco e o conflito de interesses   93

As manipulações das taxas de juros   95

As manipulações das cotações das divisas   98

5 O nascimento do *Homo financiarius* e a servidão das elites   101

A servidão das elites   106

Verdadeira ou falsa moeda intelectual?   108

Mundo político e corrupção   111

6 Alguns remédios e soluções   115

Medidas para reanimar a democracia   120

Medidas relativas ao setor financeiro   122

1) Regulação do setor financeiro   122

2) Certificação e controle dos produtos distribuídos pelos bancos   124

3) Impostos e tributação de transações financeiras   124

4) Auditoria da dívida e controle da agência de avaliação de risco   132

5) Repensar o ensino da Economia   134

Conclusão   134

Referências bibliográficas   137

PREFÁCIO

O título de meu livro talvez surpreenda o leitor. Não deixa de ser uma audácia evocar uma crise permanente quando a mídia em geral anuncia a retomada do crescimento econômico. De acordo com os comentaristas especializados, os indicadores econômicos fundamentais seriam, aliás, bons ou até mesmo excelentes. O fato de cerca de 8600 crianças no mundo morrerem de fome por dia, isto é, uma a cada dez segundos, não os impressiona. Que aproximadamente 800 mil pessoas se suicidem por ano, ou seja, que em média um indivíduo se mate a cada quarenta segundos, e que mais vinte pessoas tentem fazer o mesmo, não é suficiente para despertar sua atenção.

Esses comentaristas se concentram na economia e provavelmente consideram os argumentos que eu apresento como sendo de ordem social. Em resposta a esse tipo de observação, só posso sublinhar que, se os indicadores econômicos fossem assim tão bons, haveria menos suicídios e menos crianças morrendo de fome.

Enfim, mesmo se o debate se concentrasse em aspectos estritamente econômicos, não seria demais observar que o crescimento se apoia antes de tudo na explosão da dívida mundial, privada e pública, e que será necessário fazer as contas quando essas dívidas atingirem a maturidade. O crescimento se baseia também na obsolescência programada de bens concebidos para ter uma duração de vida limitada, como impressoras, celulares, lâmpadas... o que incita a consumir cada vez mais.

Mas quais são os "indicadores econômicos fundamentais" que supostamente seriam tão bons? As bolsas que floresceram nos últimos anos! O colapso do final de 2018 é frequentemente apresentado como uma simples correção.

Que a progressão seja artificial, cada vez mais desconectada dos resultados das empresas e da economia em geral, não é levado em conta. Que ela seja devida à política dos bancos centrais, que consiste em injetar quantias astronômicas no setor financeiro, não parece digno de consideração. O sistema está sob perfusão desses montantes, mas os indicadores são bons, repete-se até à saciedade!

A melhoria das estatísticas de emprego também faz parte dos indicadores, mas oculta-se o fato de que muitos desempregados são sumariamente eliminados das estatísticas ou se transformam em trabalhadores pobres e aposentados indigentes. A introdução de novas tecnologias e a digitalização da sociedade deveriam permitir um aumento de tempo livre e, no entanto, o que se constata é a precarização do trabalho, o subemprego e um profundo descontentamento, como testemunha o movimento dos jalecos amarelos na França.

Esse paradoxo mereceria alguma explicação; entretanto, isso não acontece. Já o efeito automaticamente redistributivo da acumulação de riqueza (Teoria do Gotejamento), evocado pela mídia com frequência, não parece obedecer às leis da gravidade, visto que, funcionando de baixo para cima, torna possível àqueles que possuem fortunas incalculáveis apenas acumular ainda mais riqueza.

Resumindo: o doente, neste caso a sociedade, está sofrendo, mas a cirurgia seria um êxito! Quem ainda pode se deixar enganar por esse malabarismo, apresentado como uma terapia econômica bem-sucedida por aqueles que louvam os "indicadores"? Este livro analisa a financeirização da economia e da sociedade, o papel dos grandes bancos e dos fundos especulativos nesse processo e, ainda, o declínio de uma civilização que confunde o ser com o ter e o aparecer, e cujos valores são, antes de tudo, financeiros. Ele descreve tanto a atitude e a mentalidade dos crupiês da finança-cassino como a dos mercenários da guerra financeira.

Compreender os problemas deveria logicamente conduzir a pistas de saída, o que deveria também evitar que o leitor caísse em profunda depressão. Este livro se preocupa precisamente em identificar soluções. É claro que elas existem e, em última análise, não se baseiam nem em mercados desregulados e endeusados nem em um Estado que controla, dirige a economia e vigia os indivíduos. As soluções não se assentam em consumidores de bugigangas, mas, em última instância, em cidadãos ativos assumindo o controle de seu destino.

Introdução
O naufrágio da civilização em nome de sua salvação

Na noite de sábado, dia 1º de agosto de 1914, as famílias francesas e alemãs preparam-se para a angústia da separação. As ordens de mobilização geral acabaram de ser divulgadas. Nas cidades e aldeias ecoam com insistência os sinos das igrejas. Eles trazem a notícia tão temida da declaração de guerra, já anunciando o medo e os sofrimentos que virão. O primeiro dia da mobilização será domingo, dia 2 de agosto. Desde cedo, a Estação do Leste em Paris se encherá de militares acompanhados das famílias. O mesmo acontecerá em Berlim, na Estação Anhalter. Em nome da salvação da civilização, eles serão os atores e as vítimas do próprio naufrágio.

Na sexta-feira, dia 1º de agosto de 2014, cem anos depois, muitas famílias francesas, e também alemãs, se preparam para sair de férias... No dia seguinte, a Estação de Lyon, em Paris, e a Estação Central de Berlim estarão com seus TGV ou ICE[1] repletos de gente. Na França, a Rodovia do Sol[2] ficará engarrafada, como de hábito. As multidões vão para o Sul, para as praias, em vez de se dirigirem para o front – leste para alguns, oeste para outros –, como um século

---

1 Os trens ultrarrápidos franceses e alemães.
2 A Rodovia do Sol é nome pela qual é conhecida a autoestrada que vai de Paris ao Mediterrâneo.

16 MARC CHESNEY

antes. Ao pesadelo de uma longa guerra mundial sucedeu o sonho associado ao sol e ao mar. Já não se trata de salvar a civilização, e sim, mais prosaicamente, de uma pausa salutar enquanto a instabilidade financeira e econômica se prolonga. Em pleno verão na Europa, reina o negócio do turismo, que permite desviar a atenção das populações dos desequilíbrios que a finança-cassino gera, evacuando momentaneamente as tensões que ela causa. As fossas comuns da Primeira Guerra Mundial se apagam na memória coletiva, a erosão opera.

Um quadro monumental exposto na Estação do Leste em Paris nos traz à memória os dramas da Primeira Guerra Mundial. Será que se pode comparar esse quadro aos afrescos das grutas de Lascaux,[3] aos traços de um passado longínquo cuja influência se perde na insondável profundeza do tempo?

---

3 As grutas de Lascaux, na região da Dordonha, França, são dos mais importantes monumentos de arte rupestre pré-histórica.

1
Ontem e hoje

Um século se passou desde que a juventude europeia foi sacrificada nas valas comuns da Grande Guerra. Cem anos parecem muito e, no entanto, esse período corresponde apenas a algumas gerações, a uma sociedade, a de 1914, muito próxima da nossa, com suas universidades, bibliotecas, óperas, teatros e literatura, com seu parlamento, tribunais de justiça, grandes empresas e bancos. O Ocidente de então podia se orgulhar de seus feitos econômicos, sociais e científicos, assim como de suas instituições democráticas.

Claro que a internet estava longe de existir; todavia, a rádio já tinha sido inventada e a mídia em papel era pujante, provavelmente mais diversificada e menos controlada que hoje. A aviação comercial ainda não existia, contudo os trens e os carros já viabilizavam viagens e transportes.

É, portanto, no seio de uma sociedade instruída e civilizada que dois países, a França e a Alemanha, no apogeu de sua fama, ambos de tradição cristã e partilhando os mesmos princípios fundamentais, se lançam a uma guerra desastrosa fazendo uso das armas de destruição massiva da época. O assassinato em Sarajevo do arquiduque Francisco Fernando, príncipe herdeiro do Império Austro-Húngaro, no dia 28 de junho de 1914 é a faísca que incendeia a Europa e a faz mergulhar na engrenagem da destruição, do sacrifício de toda uma geração e da ruína, não só material, mas também moral, da civilização, em nome de sua salvação. A manipulação em grande escala das massas foi o procedimento que as arrastou para a barbárie, em nome da salvaguarda da democracia ou da nação, como testemunha, em particular, uma obra-prima dessa época, *Os Thibault*. Nesse romance, o autor Roger Martin du Gard fala através de seu herói: "Nunca a humanidade foi vítima de tal fascinação, de tal cegueira da inteligência!".[1]

Também reveladora do naufrágio da humanidade é a citação de Erich Maria Remarque em *Nada de novo no front*, quando um soldado alemão, personagem central do romance, fala: "Somos absorvidos pelos fatos, sabemos distinguir os detalhes, como comerciantes, e reconhecer as necessidades, como açougueiros. [...] Somos de uma indiferença terrível [...] Somos grosseiros, tristes e superficiais: acho que estamos perdidos".[2]

Perdidos estavam, nas trincheiras, envolvidos em um combate horrível e insano. E nós, não estaremos também perdidos hoje? A indiferença, a grosseria, a tristeza e a superficialidade podem caracterizar igualmente as gerações atuais e, em particular, os mercenários da guerra financeira.

O *trader*, mercenário do século XXI

A seguinte troca de SMS entre dois desses jovens mercenários de nossa época é bastante instrutiva a esse respeito:

- oi
- oi
- morte certa

---

1 Roger Martin du Gard, *Les Thibault*, p.698.
2 Erich Maria Remarque, *Im Westen nichts Neues*, p.91.

A CRISE PERMANENTE   **19**

– o david da CS me ligou pra falar dos *skew trades*.[3]
– eu sabia, eles vão acabar com a gente [...], hoje à noite você
terá pelo menos 600m.

O que será que pode significar essa linguagem guerreira, mas
simplista, ou mesmo trivial, entre indivíduos que se pretendem
educados? Remeterá à noção de morte? Não se trata de seiscentos
mortos, já que aqui a morte é financeira. Os "600m" significam
600 milhões de dólares de perdas, que no caso presente chegarão
a cerca de 6 bilhões de dólares. Os *skew trades* serão armas de destruição maciça? É a isso que muitas vezes se assemelham as apostas
financeiras baseadas em produtos derivados complexos.

No dia 23 de março de 2012, na sala de *trading* do banco JPMorgan em Londres, o *trader* Bruno Iksil, conhecido como a "baleia
de Londres" devido ao gigantismo de suas apostas financeiras, e
seu assistente Julien Grout concluem que tinham perdido as descomunais apostas que haviam lançado. As mensagens dão conta
do desespero dos dois *traders*. Antes, em 2011, Bruno Iksil tinha
apostado com sucesso na falência de várias empresas americanas,
gerando lucros de 400 milhões de dólares para o JPMorgan, dos
quais 32 milhões de remuneração só para ele e dois de seus superiores hierárquicos.

Um indício suplementar permite caracterizar mais precisamente o estado de espírito que vigora nos bancos de investimento.
Seu autor é Fabrice Tourre, um engenheiro da École Centrale,[4]
diplomado também por Stanford que, aos 22 anos, foi contratado
pelo banco Goldman Sachs. Quando a Securities and Exchange
Commission (SEC) acusou o banco de investimentos de se enriquecer enganando os clientes, usou alguns dos emails desse *trader*
para mostrar como o banco incitara os clientes a adquirir títulos
de dívida sobre créditos hipotecários particularmente duvidosos

---

3 Produto financeiro complexo.

4 A École Centrale é uma das mais tradicionais e disputadas escolas de engenharia na França.

20   MARC CHESNEY

e, simultaneamente, apostara na queda desses mesmos títulos. Eis um exemplo da sua prosa:

> Existe cada vez mais dívida dentro do sistema. O edifício inteiro pode desabar a qualquer instante. [...] Quando penso que participei da criação desse produto [...], o tipo de negócio que você inventa pensando: e se criássemos uma coisa que não servisse absolutamente para nada, que fosse completamente conceitual e altamente teórica e que ninguém conseguisse avaliar, é uma pena ver o negócio explodir em pleno voo. É meio como o Frankenstein se revoltando contra seu inventor.[5]

A mensagem de outro jovem confirma o mesmo estado de espírito. Seu autor é Jerome Kerviel, o *trader* que em 2007 teria feito a Société Générale, um dos maiores bancos franceses, perder 4,9 bilhões de euros. Depois disso ele foi condenado pela justiça, enquanto o banco foi praticamente ilibado, apesar de sua clara responsabilidade na propagação da economia-cassino e da desastrosa mentalidade que a acompanha. Cito:

> Em um pregão, o *modus operandi* ideal pode se resumir a uma frase: ser capaz de arriscar o máximo para fazer o banco ganhar o máximo de dinheiro. Diante dessa regra, os princípios da mais elementar prudência não contam quase nada. No meio da grande orgia bancária, os *traders* têm direito, quando muito, à mesma consideração que uma simples prostituta: o mero reconhecimento de que a receita do dia tenha sido boa.[6]

Finalmente Sam Polk, ex-*trader* de um fundo especulativo, apresenta outra dimensão do problema. Para ele, como para muitos de seus colegas, o dinheiro transforma-se em uma droga. Eis um trecho de seu testemunho:

---

5 Ibrahim Warde, Des français qui gagnent, *Le Monde Diplomatique*, jul. 2010.
6 Ibid.

A CRISE PERMANENTE   **21**

Durante meu último ano em Wall Street, meu bônus era de 3,6 milhões de dólares e eu estava furioso porque não era suficiente. Tinha 30 anos, nenhum filho, nada de dívidas a reembolsar nem objetivos filantrópicos. Eu queria mais dinheiro exatamente pelo mesmo motivo que um alcoólico precisa de mais um copo. Estava intoxicado.

Mais adiante, ele acrescenta: "Não só eu não ajudava a encontrar soluções para os problemas do mundo, mas ainda me aproveitava deles".[7]

Da leitura dessas mensagens e testemunhos emergem outras características da sociedade atual. O mundo das finanças, centro nervoso da economia, é dominado pela venalidade ou ausência de valores que não sejam os financeiros, e pelo vazio moral. O cinismo em estado bruto de jovens descrentes de tudo, drogados em dinheiro, recém-diplomados nas melhores instituições acadêmicas, é não só tolerado, mas quase implicitamente encorajado por seus empregadores. Convém, aliás, observar nesse ponto que é comum as instituições acadêmicas se gabarem de formar esses sujeitos brilhantes, capazes de integrar os pregões eletrônicos dos maiores bancos internacionais, sem se interrogar sobre a utilidade social ou a integridade de seus diplomados. O recrutamento em massa de *traders*, que em geral não passam de mercenários sem escrúpulos, permite a esses estabelecimentos participar ativamente da atual guerra financeira, onde as apostas da economia-cassino[8] se transformam em armas de destruição maciça[9] que abalam países e empresas.

E são muitas as vítimas desse cinismo. Portanto, outro aspecto merece ser apontado. Boa parte das gerações atuais não tem perspectivas, os jovens são confrontados com uma situação aparentemente sem saída, geradora de um profundo desespero.

---

7 Sam Polk, For the Love of Money, *The New York Times*, 19 jan. 2014.
8 Veja uma referência a essa questão em Hans-Werner Sinn, *Casino Capitalism*.
9 O investidor Warren Buffet declarou em 2003 que os produtos derivados são "armas de destruição maciça".

Uma guerra sem fronteiras

Nos tempos atuais, a juventude europeia já não morre em massa nas trincheiras ou nos campos de batalha. Quando os jovens desaparecem prematuramente, isso se deve em geral aos acidentes de trânsito e aos suicídios.[10] Porém os jovens são recrutados para participar de outra forma de guerra, a financeira, que os atinge duramente. Seus males são a depressão,[11] o alcoolismo,[12] o excesso de peso... justamente os corolários do desespero. Seus medos: o futuro e as ameaças de desemprego e insegurança geradas pela instabilidade financeira. As novas gerações são infantilizadas pela mídia que muitas vezes apresenta o fútil como essencial e que trata o essencial, na melhor das hipóteses, de forma fútil. Não dispondo das chaves para compreender os verdadeiros desafios, para eles o futuro parece indecifrável e, portanto, inquietante. O subemprego maciço[13] instalou-se duravelmente em nossa sociedade, acarretando uma precarização crescente do mercado de trabalho e uma marginalização de faixas inteiras da população. Para um desempregado, a exclusão

---

10 Segundo a Organização Mundial da Saúde, a cada ano morre no mundo cerca de 1,25 milhão de pessoas em acidentes de trânsito e quase 800 mil pessoas se suicidam, enquanto cerca de vinte vezes mais que essa cifra atentam contra a própria vida. Veja respectivamente *Global Status report on road safety* (OMS, 2015) e *Suicide Data* (OMS, 2015).

11 Segundo a Organização Mundial da Saúde, cerca de 300 milhões de pessoas no mundo sofrem de depressão. Veja o relatório *Mental Health* (OMS, abr. 2017).

12 De acordo com um relatório da OMS de 2016, 3,3 milhões de pessoas morrem de alcoolismo a cada ano.

13 Segundo o Banco Central Europeu (BCE), o "desemprego ampliado", que leva em conta o subemprego, atinge 15% da população ativa da Zona Euro e, desse modo, é bem mais elevado que a taxa de desemprego oficial de 9%. Veja a terceira seção do Boletim Econômico da BCE, de 10 maio 2017. Além disso, na Suíça, apesar dos bons resultados na área do emprego, particularmente para as pessoas bem qualificadas, o Escritório Federal de Estatística indica em um documento datado de julho de 2019 que a taxa de subemprego era de 7% em 2018. Além disso, "O trabalho suplementar desejado pelas pessoas em subemprego corresponde a 108 mil postos equivalentes em período integral". E: "830 mil pessoas estariam dispostas a trabalhar mais".

do mundo do trabalho significa a impossibilidade de construir um projeto de vida e a ausência de qualquer horizonte. O vocabulário bélico traduz a amplitude do problema. Um século depois, a "batalha pelo emprego" será uma nova "Batalha do Marne"?[14] Provavelmente não, pois se para a França a Batalha do Marne foi uma vitória, o resultado da "batalha pelo emprego" continua muito incerto. Na realidade, a retomada do crescimento não tem a possibilidade de estabilizar a economia e de gerar massivamente postos de trabalho duráveis.

A crise financeira gerou no mundo cerca de 30 milhões de desempregados suplementares,[15] sem contar todos os excluídos das estatísticas oficiais. Essa tendência é ainda mais acentuada pelo aumento da produtividade do trabalho que, em um contexto de fraco crescimento, em vez de gerar mais tempo livre como deveria ser o caso em uma sociedade bem organizada, resulta em aumento do subemprego.

Essa crise parece ter adquirido um caráter permanente, visto que o único efeito das medidas destinadas a lutar contra ela tem sido o de prolongá-la. Trata-se de uma crise profunda, causada por uma guerra financeira mundial que espolia e empobrece em grande escala a maioria da população do globo. O Moloch[16] financeiro exige sacrifícios, em um conflito assimétrico, visto que é essencialmente conduzido pela plutocracia financeira, uma minoria ínfima que mal representa 0,01% da população mundial.

Os palcos dessa guerra são múltiplos e situados em diferentes continentes. A Europa é um deles, tendo a Grécia como foco principal. Alguns bairros de Atenas foram arrasados pelo conflito e por uma crise financeira de rara intensidade. Tanto os choques entre

---

14 Batalha do Marne, na Primeira Guerra Mundial, na região da França atravessada pelo rio Marne.

15 Veja o relatório da Organização Internacional do Trabalho (OIT) *World employment and social outlook: trends 2016* (jan. 2016).

16 Moloch ou Moloc, divindade adorada pelos amonitas e moabitas, populações do Oriente Médio a quem eram sacrificadas crianças.

manifestantes e forças de segurança quanto o desemprego e a precariedade em grande escala são as características da guerra financeira e social orquestrada pela Comissão Europeia, o Banco Central Europeu (BCE) e o Fundo Monetário Internacional (FMI).

A África é outro palco da guerra sem fronteiras. Muitos dos países que mais perdem com o conflito econômico e financeiro estão nesse continente. Uma das consequências de sua derrota é ter de suportar a poluição industrial do mundo desenvolvido, quer dizer, de cada vez mais servir de lixeira para esses países. Como é sabido, o estandarte da modernidade, a informática, gera milhares de toneladas de lixo.[17] Alguns países africanos, especialmente Gana, transformaram-se em imensas lixeiras a céu aberto. Dia após dia, crianças e adolescentes, em vez de irem para a escola, tentam, com instrumentos rudimentares, desmembrar nossos computadores quebrados para extrair deles certos metais e revendê-los. Desse modo, expõem-se a produtos tóxicos. Trata-se de um trabalho perigoso. A sobrevivência no cotidiano é uma guerra permanente.

Na área alimentar, a especulação desenfreada também cria uma penúria extremamente negativa para inúmeros países africanos. Segundo a FAO, em 2008, por exemplo, mais de 900 milhões de indivíduos sofriam de desnutrição.[18] No entanto, a produção mundial de cereais nesse ano teria sido largamente suficiente para responder às necessidades do conjunto da população.[19] Atualmente, a cada 24 horas morrem devido à desnutrição cerca de 25 mil pessoas, dentre as quais 8600 crianças.[20]

---

17 De acordo com as declarações do economista americano Larry Summers, em 1998, quando era o vice-secretário do Tesouro da administração Clinton: "Os países subpovoados da África estão amplamente subpoluídos", e "deve-se encorajar uma maior migração de indústrias poluentes em direção aos países menos avançados"!

18 Fonte: *Global hunger declining, but still unacceptably high*, FAO, 2010.

19 Veja, sobre esse tema: Frederick Kaufman, *Bet the farm: how food stopped being food*.

20 Fontes: *World food situation*, FAO, 2017; Jean Feyder, *La faim tue*; Jean Ziegler, *Destruição em massa: geopolítica da fome*.

A América é ainda outro palco dessa vasta guerra que atinge a maioria da população. Wall Street atrai muitos engenheiros, especialistas em informática, juristas, físicos e matemáticos de que os Estados Unidos precisariam tanto. As subvenções e regalias de toda ordem auferidas pelos grandes bancos[21] e os fundos especulativos permitem a esses organismos oferecer remunerações incomensuravelmente mais generosas que aquelas propostas em outros setores.

O déficit de recursos intelectuais e financeiros assim desperdiçados é sentido em setores essenciais para a população. Reformar a infraestrutura do país, como as ferrovias e os aeroportos, deveria ser uma prioridade, pois responde às necessidades da imensa maioria dos cidadãos, que não dispõe de helicópteros nem de aviões privados para se deslocar. Investir em áreas como a saúde e a educação deveria ser outra dessas prioridades. Hospitais, escolas e universidades públicas necessitam claramente de vastos recursos financeiros.[22] Reparar pontes e canalizações, cuidar da manutenção de barragens[23] são responsabilidades governamentais.

Infelizmente essas tarefas são relegadas para segundo plano. O setor financeiro dispõe de meios para garantir que seus interesses estejam em primeiro lugar. Entre 1998 e 2008, ele gastou 1,7 bilhão de dólares para financiar as campanhas eleitorais de seus aliados e 3,4 bilhões em atividades de *lobbying*.[24] Segundo a revista *Fortune*,[25] Wall Street gastou 2 bilhões de dólares para influenciar as eleições

---

21 Veja o Capítulo 4.

22 Segundo a National Education Association, seria necessária uma quantia da ordem dos 322 bilhões de dólares para renovar as escolas. Veja: Arianna Huffington, *Third world America*, p.113.

23 Segundo o Departamento de Transportes do governo dos Estados Unidos, uma em cada quatro pontes apresenta deficiências estruturais ou é vetusta. Nos Estados Unidos, em média, as pontes duram cinquenta anos e foram construídas há 43 anos. Segundo uma análise do *New York Times* realizada com base nos dados da Environmental Agency, a cada dois minutos, em média, explode uma canalização de grosso calibre. Ibid., p.106 e 100.

24 Ibid., p.130; Simon Johnson; James Kwak, *13 Bankers*.

25 Fonte: Wall Street spent $2 billion trying to influence the 2016 Election, *Fortune Magazine*, 8 mar. 2017.

de 2016 nos Estados Unidos, tanto as presidenciais quanto as senatoriais e a Câmara dos Representantes. O investimento foi bem dividido, dado que as campanhas dos republicanos, a de Donald Trump em particular, assim como a dos democratas, portanto a de Hillary Clinton, foram bem financiadas: 55% dos fundos foram atribuídos aos primeiros e 45% aos segundos. As contribuições efetuadas pelos grandes bancos como Wells Fargo, Citibank e Goldman Sachs se situam entre 12 milhões e 15 milhões de dólares cada. Em relação ao JP Morgan Chase, ao Banco da America e ao Morgan Stanley, são 10 milhões de dólares por instituição. Os fundos especulativos não ficam de fora, pois, por exemplo, a Renaissance Technology doou 53 milhões de dólares.

Wall Street quer manter suas posições na guerra contra Main Street. O crescimento desse setor é perigoso para a economia e a sociedade. No decurso de 56 anos – de 1950 a 2006 –, passou de 2,8% para 8,3% do PIB.[26] Esse crescimento acentuou os desequilíbrios econômicos e sociais e desembocou, em 2008, em uma crise que se eterniza e cujas convulsões crônicas abalam os alicerces da sociedade, tanto nos Estados Unidos como em outros países.

No Brasil, no início de 2015, a guerra financeira apresentava características específicas. O país sofria de falta de liquidez, no sentido literal do termo. Tratava-se de água, essencial para toda forma de vida! O Sudeste do Brasil passava por um período de seca inquietante. As reservas atingiram níveis historicamente baixos. Dada a urgência, o estado de São Paulo, para fazer face à penúria, previa destinar para uso da indústria um reservatório de água poluída e esgotos ao ar livre. Dois fenômenos auxiliam a compreender essa situação. Por um lado, o nível de pluviometria tinha sido bastante fraco. Por outro, quando chove, a água perde-se nos esgotos. É provável que o desmatamento contínuo da Amazônia seja a verdadeira causa do primeiro fenômeno. Quanto ao segundo, a Sabesp, empresa responsável pelo abastecimento de água de São

---

26 Fonte: Robin Greenwood; David Scharfstein, The growth of finance, *Journal of Economic Perspectives*, 2013.

Paulo, não efetuava investimentos consequentes em canalização de água havia vários anos. Preferiu distribuir generosos dividendos a investir na modernização da rede de canalização. Entre 2007 e 2014 os lucros da companhia, uma das mais rentáveis do país, chegaram a cerca de 10 bilhões de reais, ou 3,2 bilhões de euros. Dessa quantia, cerca de um terço foi destinada aos acionistas, tanto públicos quanto privados. Dividendos de tal ordem de grandeza são raros nesse tipo de atividade. E o que sobrou dos lucros não foi investido de modo responsável. Em São Paulo, a percentagem de perda de água é de 36%, o que corresponde a 435 bilhões de litros por ano! Para essa empresa, investir na manutenção das canalizações diminuiria os lucros a curto prazo, enquanto deixar a água se perder representa apenas um custo marginal.[27] Os bônus dos diretores são calculados unicamente sobre os lucros realizados, sem que se leve em conta qualquer índice de eficiência.

Na origem dos dois fenômenos está a lógica financeira a curto prazo, que responde aos interesses de uma elite muitas vezes corrompida, e isso em detrimento das necessidades básicas da população.

Como chegamos a essa situação

De 1814 a 1914, a saber, desde aproximadamente o fim das Guerras Napoleônicas até o início da Primeira Guerra Mundial, a humanidade passou por um século de desenvolvimento social, econômico e científico único em sua história. Os cem anos que se seguiram não estiveram à altura das expectativas, com os mais de 200 milhões de mortos, vítimas de guerras e de conflitos:[28] a Primeira Guerra Mundial, seguida da grande crise de 1929, que abre o

---

27 Veja o artigo de Maria Luíza Filgueiras na revista brasileira *Exame*, reproduzido em Exame.com, de 24 nov. 2014.

28 São 231 milhões de mortos no século XX, segundo o livro de Milton Leitenberg *Deaths in wars and conflicts in the 20th century*.

28 MARC CHESNEY

caminho para terríveis regimes ditatoriais, principalmente na Alemanha e na Rússia, assim como na Itália, na Espanha e no Japão. O aumento de potência dessas ditaduras provocou a Segunda Guerra Mundial, com suas hecatombes e seus campos de concentração. O fim da Segunda Guerra Mundial marcou também a entrada da humanidade – ou o que restava dela – na era nuclear, tanto militar quanto civil, com o afrontamento das duas superpotências, os Estados Unidos e a Rússia, no contexto da Guerra Fria. O período da reconstrução, conhecido como "os Trinta [anos] Gloriosos" na França, ou o milagre econômico na Alemanha, criará certa estabilidade e prosperidade na Europa Ocidental.

Porém, nos anos 1970, com a Guerra do Vietnã e os choques petrolíferos, assistiu-se a uma profunda mudança. As eleições de Ronald Reagan nos Estados Unidos e de Margareth Thatcher na Grã-Bretanha levaram à implantação de políticas neoliberais,[29] inicialmente nesses dois países, depois na maior parte das restantes nações ocidentais. A queda do muro de Berlim permitirá exportar essa política para a ex-União Soviética e para os seus antigos países satélites. Política que será igualmente seguida na China, reinando hoje em nível internacional. De acordo com o intelectual americano Francis Fukuyama, a instauração da agenda neoliberal abriria a porta para o "Fim da História", época em que não só os princípios liberais, mas também seus corolários democráticos instalariam em escala mundial uma lógica de equilíbrio e de paz. Segundo ele, com o fim da Guerra Fria, o consenso sobre a democracia liberal prevaleceria em nível internacional.

A manipulação e o controle da opinião pública

O estado atual de nossa sociedade, baseada em uma economia financeirizada, é muitas vezes apresentado como o estado último,

---

29 Ler a esse respeito o excelente livro de Daniel Stedman Jones, *Masters of the Universe, Hayek, Friedman and the birth of Neoliberal Politics*.

logo inultrapassável, do desenvolvimento do capitalismo. Mas será que é assim? Será que a situação atual é característica de um capitalismo em plena expansão, cujo desenvolvimento poderá dispensar perpetuamente seus benefícios, incluindo os democráticos, à Terra inteira? É de duvidar. A situação hoje não lembraria antes a que teve curso no começo do século XX, quando a civilização ocidental estava convencida de sua supremacia sobre o resto do mundo, até o momento em que eclodiu... a Grande Guerra? Hoje, quando uma nova Guerra Fria se instala na Europa sobre a base, ou a pretexto, dos acontecimentos na Ucrânia, a queda, o declínio acelerado da civilização, já engrenaram. Os princípios democráticos de base são desacatados, como é o caso com o sistema PRISM de vigilância das comunicações eletrônicas e telefônicas, revelado por Edward Snowden.[30] Um Estado democrático não estaria autorizado a ler as comunicações de seus cidadãos, ou mesmo as do conjunto da população mundial, a espiar seus comportamentos e, amanhã, se a tecnologia o permitir, a tentar ler seus pensamentos. Vale lembrar aqui os termos do artigo 12 da Declaração Universal dos Direitos Humanos: "Ninguém será sujeito a interferências em sua vida privada, em sua família, em seu lar ou em sua correspondência [...]". A sociedade descrita por George Orwell em *1984* parece se concretizar sob nossos olhos, ou mesmo ser ultrapassada pela realidade. A tecnologia permitiu que os pesadelos se tornassem realidade! A democracia se desfaz sob o efeito dos controles intensivos e generalizados da população. A história da humanidade merece que lhe seja reservado outro fim.

A manipulação da opinião pública graças ao comércio do medo está cada vez mais na ordem do dia. Hoje, é preciso a todo custo salvar esses monstros das finanças, apresentados como campeões nacionais, por receio de um cataclismo. Os mesmos que lançam produtos financeiros tóxicos e que se beneficiam de uma crise de que eles próprios foram largamente responsáveis têm de ser salvos mediante a injeção de fundos públicos em nome da estabilidade

---

30 Veja: Glenn Greenwald, *No Place to Hide*.

e da prosperidade econômica! Antes, em nome da civilização, da nação, da democracia, por receio da barbárie e "para acabar com todas as guerras" era necessário fazer a suposta última guerra. Na realidade, os fabricantes de armamento – Krupp na Alemanha e Schneider na França – defendiam poderosos interesses. O medo por parte dos bancos americanos de incorrer em perdas financeiras colossais, em função dos importantes fundos emprestados à Inglaterra e à França, foi um dos fatores essenciais para a entrada dos Estados Unidos na guerra.

Tanto hoje como ontem, para defender bancos poderosos contra os riscos em que eles incorreram e para mantê-los vivos, todos os sacrifícios são solicitados, incluindo o da democracia. A continuação do trecho de *Os Thibault*, anteriormente citado, guarda infelizmente ainda hoje toda a sua acuidade: "Nunca as forças do poder impuseram aos espíritos uma tão total abdicação...".[31]

O poder dos *lobbies* da oligarquia financeira

Assim, os princípios democráticos são hoje desrespeitados, em especial na área econômica. Com efeito, quaisquer que sejam os resultados eleitorais, uma única política prevalece: a da oligarquia financeira, que está de tal modo convencida da superioridade e da primazia de seus interesses sobre os da economia e da sociedade – apresentados por seus *lobbies* como uma comunhão de interesses – que nem se dispõe a discutir a questão. Contudo, o pior é que a maioria dos responsáveis políticos também está convencida disso, ou pelo menos finge estar.

Essa verdadeira casta desvia quantias astronômicas que depois é incapaz de investir na economia; somas que circulam cada vez mais rápido no contexto de uma finança-cassino, o que é contrário à lógica do empreendedor que ela reivindica. Apostas duvidosas sobre a

---

31 Martin du Gard, op. cit., p.698.

A CRISE PERMANENTE 31

falência de empresas, bancos ou países substituem operações financeiras clássicas, inerentes à economia. E aquilo que caracteriza essas apostas é o fato de pressuporem que os riscos fiquem por conta do resto da sociedade. Para as instituições financeiras consideradas "*too big to fail*" [grande demais para falir] – que atingem uma dimensão crítica e certa densidade de conexões no seio do tecido econômico e financeiro –, cabe com efeito ao Estado, e finalmente ao contribuinte, ao aposentado, ao cliente e ao desempregado, assumir os riscos e pagar as faturas, se for o caso. Desse modo, a economia financeirizada fragiliza em grande escala tanto o tecido econômico como o social.

Ora, que fazem os responsáveis políticos para remediar essa situação e lutar contra a finança-cassino? Reúnem-se... e, ainda por cima, com frequência! O que nos tranquiliza muito. As reuniões sucessivas a que eles comparecem beiram o ridículo e não resolveram os problemas fundamentais. E, no entanto, o espetáculo que os dirigentes europeus, entre outros, proporcionam está muito bem encenado: tapete vermelho como no Festival de Cannes, declarações públicas seguidas de negociações e de uma foto de grupo, entrevistas coletivas e de autocongratulação; é algo de realmente aflitivo. O escritor austríaco Karl Kraus, em sua introdução à obra *Os últimos dias da humanidade*, que se refere à Primeira Guerra Mundial, menciona "esses anos durante os quais personagens de opereta interpretaram a tragédia da humanidade".[32] Passado um século, a frase conserva toda a sua atualidade. Não é raro que tais personagens, que deveriam encarnar a autoridade do Estado, pareçam desorientados. Dão a impressão de navegar à vista, sem visibilidade. Mas eles têm um objetivo, que consiste em tranquilizar os mercados financeiros; porém, só o atingem de forma transitória. As soluções que apresentam são efêmeras porque o objetivo é vão. Essa nova religião que é o neoliberalismo requer sacrifícios sobre o altar da finança-cassino. Pretender tranquilizar os mercados financeiros é perigoso e ilusório.

---

32 Karl Kraus, *Os últimos dias da humanidade*.

2
É VÃO PROCURAR SATISFAZER OS MERCADOS FINANCEIROS[1]

Na obra do escritor austríaco Robert Musil *O homem sem quali-dades*, os personagens principais planejam, antes de 1914, organizar as comemorações do septuagésimo aniversário da ascensão ao trono do "imperador da Paz", previstas para 1918 em Viena. E o que aconteceu? Estourou a guerra, o imperador Francisco José morreu em 1916 e o Império Austro-Húngaro desapareceu em 1918. As nações, elevadas a um pedestal, exigiram sacrifícios. O sacrifício supremo que consistia em "morrer pela pátria" foi o destino de milhões de europeus.

Um século depois, é a vez de os mercados financeiros e suas convulsões envolverem a economia e a sociedade em uma engrenagem perigosa. Procurar satisfazê-los é tão inútil quanto querer celebrar um imperador da paz às vésperas da Primeira Guerra Mundial. Na realidade, os mercados são insatisfeitos por natureza e impõem a cada momento novos sacrifícios.

---

1 O conteúdo deste capítulo foi em parte extraído de meu artigo Chercher à satis-faire les marchés est vain et dangereux [Procurar satisfazer os mercados é vão e perigoso], *Mediapart*, 27 dez. 2011. Disponível em: https://www.mediapart.fr.

Hoje, os mercados financeiros, também endeusados, exigem ser perpetuamente satisfeitos impondo inúmeros sacrifícios à sociedade.

Indagar se esse objetivo é desejável se mostra um absurdo, pois a resposta parece evidente! Caso os mercados sejam minimamente contrariados, o pior nos esperaria: a insolvabilidade acentuada dos países, a degradação das notas atribuídas pelas agências de avaliação de risco, tudo isso implicando a instauração de planos de austeridade ainda mais drásticos. Aliás, é geralmente esse tipo de política que impõem os governos, bancos centrais e instituições internacionais como o FMI. Trata-se de um verdadeiro consenso. A questão estaria encerrada. Parece, portanto, inútil questionar a eficácia dessa política e de suas justificativas. Mas, mesmo assim, ousemos.

Os efeitos devastadores da crise

É difícil deixar de constatar que, desde que estourou a crise em 2008, a estratégia da austeridade não tem sido coroada de êxito. O sul da Europa, vítima de planos de austeridade brutais, se apresenta em geral exangue. Na Grécia, o governo formado em 25 de janeiro de 2015 não soube, nem pôde, até o momento em que este livro foi escrito, inverter essa política. Em abril de 2019, o desemprego era de 17,6% – chegando, como na Espanha, aos 33% entre os jovens –, comparado ao da União Europeia, de 14,9%.

Segundo um relatório do Banco Central desse país, publicado em junho de 2016, 427 mil gregos, entre 15 e 64 anos, teriam abandonado a república helênica desde 2008. Eram, na maioria, jovens diplomados. Nesse mesmo país, os salários baixaram em média 24% entre 2010 e 2015, e cerca de um terço dos habitantes sobrevivia em 2016 abaixo da linha de pobreza.

Entre 2008 e 2012, os impostos diretos e indiretos aumentaram em média, respectivamente, em 53% e 22%. A metade mais pobre da população sofreu um aumento médio de impostos bem mais forte: 337%. O IVA (Imposto sobre o Valor Acrescentado) atingiu um nível completamente desproporcional: doravante seu valor é de 23%, aplicável até na restauração.[2]

Em 2014, continuou aumentando o número de empresas, públicas ou privadas, que deixaram de pagar integralmente seus empregados ou fornecedores. O orçamento da educação foi também uma das vítimas dessa política. Sua redução drástica provocou o encerramento ou a fusão de aproximadamente mil escolas. Finalmente, entre 2009 e 2011, o número de suicídios aumentou em 137%.

A Alemanha, cuja economia é frequentemente apontada como um exemplo, contava, em 2017, com cerca de 13 milhões de indivíduos vivendo abaixo da linha de pobreza, isto é, em torno de 16% da população total. As quase 220 mil pessoas que vivem de empregos precários, sendo pagas entre 1 e 2 euros por hora, estão incluídas nesse grupo e não são consideradas desempregadas. Os setores de baixos salários, que correspondia em 2017 a uma remuneração horária inferior a 10,50 euros, se desenvolveram fortemente. Abrangiam nesse mesmo ano nada menos que 7,65 milhões de pessoas, correspondendo a 24,3% da população ativa. Na Alemanha, o motor econômico da Europa, milhões de pessoas sobrevivem com salários miseráveis. A redução do desemprego que se constatou nesse país resulta de um processo de transformação dos desempregados em trabalhadores pobres.

Na França, em 2016, cerca de 14% da população se situava abaixo da linha de pobreza e por volta de 87% das contratações previam contratos por tempo determinado, naturalmente precários.

Segundo o relatório alternativo da Unicef de 2015, 20% das crianças desse país – mais de 3 milhões – vivem abaixo da linha de pobreza, cerca de 30 mil seriam sem-teto, de 8 mil a 10 mil crianças moram em habitações precárias e em torno de 140 mil jovens de menos de 25 anos deixam o sistema escolar sem nenhuma qualificação.

Na Itália, em 2016, 7,9% da população vivia em situação de pobreza absoluta, significando a impossibilidade de adquirir bens

---

2 Fonte: Estudo da fundação Hans Blöckler, Berlim, 2015.

de primeira necessidade e de se alojar decentemente. Na Espanha, continua o drama das expulsões que atinge os lares que deixam de poder reembolsar as dívidas contraídas para a aquisição de imóveis, ou sequer os juros correspondentes: de acordo com o Banco Central espanhol, no primeiro semestre de 2016, cerca de 36 mil famílias tiveram de abandonar sua moradia. Na Europa, apesar das declarações pré-eleitorais, governos tanto de esquerda como de direita aumentam a pressão fiscal sobre a classe média, assim como sobre as classes mais desfavorecidas.

Nos Estados Unidos, a situação é semelhante: em 2016, aproximadamente 43 milhões de americanos, ou 12,7% da população, ficaram abaixo da linha de pobreza. Nesse país, como em muitos outros, em particular na Europa, as estatísticas de procura de emprego excluem aqueles que já não têm direito a indenizações e os que trabalham pelo menos uma hora durante uma semana, o que permite anunciar taxas de desemprego que mascaram a realidade: por exemplo, 3,7% em julho de 2019 nos Estados Unidos,[3] quando de fato o subemprego é bem mais elevado. Além disso, o crescimento atual nesse país é devido, entre outros, à exportação de armas.[4] Os séculos passam, porém o comércio do medo permanece próspero.

Enfim, no Japão em 2014, 16% da população sobrevivia abaixo da linha de pobreza.

---

3 A prescrição e a utilização massiva de opioides nos Estados Unidos têm consequências sobre as estatísticas de desemprego. Os efeitos desses medicamentos, na realidade drogas, são particularmente nocivos. Os opioides se tornaram a primeira causa de mortalidade no país, com mais de 47,6 mil vítimas de *overdose* em 2017 (veja o relatório do Instituto Nacional sobre Abuso de Drogas: *Opioid Overdose Crisis*, jan. 2019). É muito provável que muitos daqueles que não conseguem encontrar um emprego consumam esses produtos e desapareçam das estatísticas de desemprego, seja por falecimento ou por serem portadores de dependência invalidante.

4 Note-se que em 2017, a primeira visita oficial de Donald Trump como presidente dos Estados Unidos foi à Arábia Saudita, onde assinou uma carta de intenções sobre enormes compras de armamentos em um valor de 110 bilhões de dólares.

Tentar satisfazer os mercados financeiros traduziu-se no refinanciamento do sistema bancário à custa do contribuinte, sem exigir verdadeiras compensações. Essa política levou os países desenvolvidos a um endividamento sem precedentes. Entre outubro de 2008 e outubro de 2011, "a Comissão Europeia aprovou cerca de 4,5 trilhões de euros de auxílio do Estado em favor das instituições financeiras, o que equivale a 37% do PIB da União Europeia".[5]

Entre 2008 e 2016, a soma total desse auxílio chegou a cerca de 5 trilhões de euros.

O papel nebuloso dos bancos centrais

Por meio de suas intervenções massivas, os bancos centrais contribuíram para evitar a queda brutal do sistema bancário durante os momentos mais críticos da crise financeira.

Entretanto, mantendo o sistema financeiro sob perfusão, elas desempenham um papel essencial no contexto de uma política financeira a serviço dos grandes bancos, que não é capaz de resolver os problemas fundamentais com os quais a economia é confrontada e que são analisados neste livro.

Em julho de 2012, as declarações do presidente do Banco Central Europeu (BCE), Mario Draghi, visando acalmar os mercados financeiros, segundo as quais essa instituição estava pronta a "fazer tudo o que for necessário para preservar o euro", tiveram o efeito esperado. Dar a entender que o programa de compra das dívidas públicas poderia ser conduzido de forma ilimitada permitiu que os juros sobre as dívidas – em particular as espanholas e italianas – voltassem a níveis menos elevados. Contudo, os mercados nunca ficam tranquilos por muito tempo. A BCE teve de baixar sua taxa diretora principal a 0,5% em 2013 e praticamente a zero em 2015.

---

5 Michel Barnier, *Comunicado de imprensa da Comissão Europeia*. Bruxelas, 6 jun. 2012.

No dia 22 de janeiro de 2015, o presidente do BCE anunciou o lançamento de um programa mensal de compra de ativos[6] inicialmente fixado em 60 bilhões de euros. Desde então, até dezembro de 2018, o total das quantias injetadas no sistema financeiro já ultrapassou 2,6 trilhões de euros![7] Dado seu volume, essas injeções de liquidez deveriam ter conservado um caráter de urgência e, portanto, ser limitadas no tempo. No entanto, elas se eternizam, pois o BCE anunciou a retomada, pelo "tempo que for necessário", do programa de compra a partir de novembro de 2019, da ordem de 20 bilhões de euros por mês. Essa protelação traduz a ineficácia crescente da política monetária do BCE.

Como acreditar que as intervenções da instituição europeia conseguirão atingir o objetivo anunciado, ou seja, relançar a economia por um período duradouro? Na realidade, o Banco Central Europeu está num impasse. E, em vez de recuar e mudar a política, persiste, acionando valores astronômicos. Apresentando-se como independente do poder político, o BCE na realidade favorece os grandes estabelecimentos financeiros.

Além disso, o BCE concede empréstimos aos bancos europeus com taxas baixíssimas. Para obtê-los, os bancos devem apresentar garantias. O BCE mostra-se em geral condescendente, aceitando com frequência ativos de qualidade duvidosa,[8] por exemplo títulos financeiros vinculados aos empréstimos hipotecários a clientes cuja solvabilidade é duvidosa. O laxismo do BCE permite que tais bancos sejam menos exigentes na concessão de créditos imobiliá-

---

6 Os ativos em questão são as obrigações lançadas pelos Estados da Zona Euro e pelas grandes multinacionais, sendo que essas últimas não têm qualquer dificuldade em se refinanciar. As empresas menores provavelmente não se beneficiarão desse programa do BCE, não lhes permitindo, em consequência, retomar os investimentos. Veja: Die EZB verdrängt private Investoren, *Neue Zürcher Zeitung*, 19 jul. 2016.

7 Os montantes mensais passaram por diferentes níveis: 80 bilhões, em seguida 60 bilhões para, finalmente, chegar a 30 bilhões a partir de janeiro de 2018.

8 A referência a esse respeito é o livro de Kjell G. Nyborg, *Collateral frameworks: the open secret of central banks*.

rios aos seus clientes e consigam, graças a isso, margens de lucro interessantes. De fato, os bancos emprestam a esse tipo de clientes a taxas de juros relativamente elevadas e obtêm empréstimos do BCE a taxas de juros baixas. Essa política de condescendência é arriscada para o BCE e intensifica a circulação de produtos financeiros duvidosos, dos quais os bancos acabam se desfazendo, ao mesmo tempo aumentando o risco sistêmico.

Além disso, é particularmente lucrativo contrair dívidas com o BCE a juros quase nulos e usar a liquidez para investir em obrigações de Estados da Zona Euro, considerados sem riscos e que oferecem um rendimento superior.[9] Com os fundos emprestados, os bancos envolvidos fazem operações de arbitragem financeira.[10]

A liquidez injetada em grande escala no sistema financeiro pelo BCE não é investida realmente na economia. As prioridades dos grandes bancos são claramente outras. Em vez de se concentrarem sobre o que deveria ser sua atividade principal, a saber, o empréstimo de capitais a empresas europeias com projetos de investimento lucrativos e duráveis, os bancos preferem se dedicar a lucrativas atividades de arbitragem financeira e à difusão de produtos financeiros complexos e frequentemente tóxicos.[11]

---

9 Tanto mais que essas compras de obrigações não exigem a detenção de capitais próprios suplementares. No caso da Grécia, por exemplo, é como se o risco de incumprimento fosse nulo.

10 Arbitragem financeira: realizar um lucro considerado certeiro sem aplicação inicial de fundos.

11 Produtos financeiros tóxicos: eles ocultam, devido à sua complexidade, riscos que não são habitualmente detectados pelo comprador no momento da compra, ou melhor, pelo infeliz cliente do banco que os criou. Quando são comercializados em grande escala, geram lucros substanciais para os bancos que os difundem e um risco sistêmico para a economia, pelo fato de que, quando a toxicidade se materializa, os clientes, tanto empresas quanto particulares, passam por graves dificuldades financeiras. Nos capítulos 3 e 4 daremos vários desses exemplos. Veja também Peter Seele e Marc Chesney, Toxic sustainable companies? A critique on the shortcomings of current corporate sustainability ratings and a definition of "financial toxicity", *Journal of Sustainable Finance & Investment*, 2017.

A liquidez injetada no setor financeiro gera elevados rendimentos nas bolsas – enquanto a economia e a sociedade padecem – e contribui para a desconexão crescente entre as esferas financeira e econômica; o setor financeiro funciona então como um entrave suplementar ao desenvolvimento econômico e social. A política do BCE não saberia fundamentalmente melhorar a resiliência do sistema financeiro, que é instável por natureza.

Nos Estados Unidos, as compras de obrigações públicas operadas pelo Banco Central, a FED, produziram um aumento considerável de seu balanço, que chegou a cerca de 4,5 trilhões de dólares em julho de 2017. Um montante inferior, também enorme, da ordem de 1 trilhão a 2 trilhões de dólares, está nas mãos de outros bancos centrais, como os do Japão, da China ou da Arábia Saudita, o restante tendo sido adquirido por investidores institucionais como as caixas de pensões. Nos Estados Unidos, as injeções de liquidez do Banco Central também foram maciças, e essa política, momentaneamente suspensa, foi reativada em setembro e outubro de 2019. Inchar indefinidamente o balanço da FED é algo problemático. De certo modo, as empresas americanas seguem uma política semelhante, visto que continuam a injetar quantias enormes nos mercados financeiros comprando suas próprias ações. Segundo as análises do Citibank, entre 2010 e 2016, o montante total das compras de ações teria alcançado 3 trilhões de dólares nos Estados Unidos[12] e ultrapassou, em 2018, 1 trilhão de dólares.

Segundo a lógica empresarial, essas somas colossais deveriam ter sido utilizadas para realizar investimentos produtivos, geradores de emprego. Em vez disso, contribuíram para a desconexão crescente entre as mencionadas esferas financeira e econômica. Permitiram, com efeito, que as cotações na bolsa fizessem boa figura em contraste com a situação socioeconômica. Os diretores em questão receberam, assim, bônus confortáveis, visto que estes últimos são frequentemente indexados às cotações.

---

12 Fonte: Buyback outlook darkens for US stocks, *Financial Times*, 21 jun. 2017.

A CRISE PERMANENTE   41

No Japão, as compras de obrigações públicas operadas pelo Banco Central são também colossais, e alcançaram em 2014 um valor de cerca de 600 bilhões de euros. Volumes de tal magnitude secam o mercado da dívida japonesa. Em dezembro de 2017, ele detinha pelo menos 40% do estoque total das obrigações japonesas[13] e, em 2018, cerca de 50%.

Essa mesma instituição também adquire volumes enormes de ações.[14] Em 2016, ele era o acionista mais importante das 55 maiores empresas do país, no caso as que compõem o índice Nikkei-225.[15] Os resultados dessa política monetária desembocaram em certa alta do crescimento econômico em 2017. Entretanto, a situação continua frágil, devido à enorme dívida pública e privada japonesa e o risco ainda não excluído de deflação.

De modo geral, os objetivos dos três bancos centrais não podem deixar de ser comentados à luz da realidade. O primeiro – o controle da inflação – causa certo espanto, já que os bancos centrais procuram sobretudo estimular a subida dos preços para que a inflação atinja 2%. Esse objetivo foi obtido pelos Estados Unidos, com uma taxa de inflação de 2,4% em agosto de 2019. No seio da Zona Euro, somente 1% havia sido alcançado em maio do mesmo ano. No Japão, era de 0,6% em julho de 2019. É conveniente notar que os métodos de cálculo utilizados pelos bancos centrais para orientar suas políticas monetárias geralmente excluem a energia, a alimentação e o mercado imobiliário e, portanto, não permitem realmente medir a inflação tal qual percebida pelas famílias.

---

13 Fonte: Bank of Japan's expansion of bond holdings to slow in 2018, *Japantimes*, 18 dez. 2017.

14 O BNS (Banco Nacional Suíço) funciona de acordo com a mesma lógica, visto que já teria investido em ações americanas nada menos que 62 bilhões de dólares, dos quais 20 bilhões durante os seis primeiros meses de 2016. Veja: Frank Stocker, Die Schweiz schluckt einen satten Teil der US-Börse, *Die Welt*, 22 ago. 2016.

15 Fonte: The Bank of Japan's unstoppable rise to shareholder no. 1, *Bloomberg*, 14 ago. 2016.

Na realidade, uma forte inflação se refugiou no mercado imobiliário e também nos mercados financeiros e, nesse último caso, acompanhada de maior volatilidade. A desconexão entre o desempenho das bolsas de valores e a situação socioeconômica foi resultado das injeções de liquidez em grande escala praticadas pelos bancos centrais.

O segundo objetivo é geral e diz respeito à estabilidade do sistema financeiro. É considerado um objetivo dito de "longo prazo", o que, na linguagem dos economistas – para nos exprimirmos com clareza – significa que é praticamente inatingível. Na realidade, essas quantias injetadas no setor financeiro contribuem para a manipulação tanto das taxas de juros quanto da cotação das ações e das obrigações, o que resulta na instabilidade crônica dos mercados financeiros.

O terceiro, que se refere à FED, é o pleno emprego. De acordo com as estatísticas oficiais, esse objetivo estaria em vias de ser alcançado. Entretanto, graças à amplitude do desemprego escondido e do subemprego, parece muito mais ser de "longo prazo".[16] Concluindo, em face de seus objetivos, os resultados obtidos pelos bancos centrais são bem limitados.

O engodo da União bancária

Voltemos à Europa de 1914, quando o presidente da República Francesa, Raymond Poincaré, lança o tema da "União Sagrada" a que numerosos responsáveis políticos aderiram: a França "será heroicamente defendida por todos os seus filhos, cuja União Sagrada diante do inimigo nada poderá quebrar".[17] Em 2014, trata-se de outra união: a União bancária que se supõe estabilizará os bancos europeus e da qual se orgulham nossos governos. Grande sucesso o

---

16 Veja neste mesmo capítulo a seção precedente, intitulada: "Os efeitos devastadores da crise".

17 Raymond Poincaré, *Au service de la France*, p.546.

A CRISE PERMANENTE **43**

dessa instituição, podendo, na melhor das hipóteses, salvar apenas dois bancos de média dimensão, e que só deveria estar funcionando de maneira satisfatória a partir de 2025. Enquanto o sistema financeiro não for saneado, com bancos de dimensão reduzida de modo que nenhum deles seja considerado sistêmico e que disponham de um nível de capitais próprios bem mais importante, esse tipo de união bancária continuará sendo uma falsa solução, útil sobretudo para a comunicação da administração da União Europeia.[18] É precisamente o caráter sistêmico dos campeões bancários nacionais que se torna perigoso, porque incita os governos, em momentos críticos, a fazer o contribuinte suportar os custos do resgate, no lugar do acionista e do detentor de obrigações, a pretexto de pretender limitar a propagação do risco de incumprimento ou falência.

Ora, impor ao contribuinte, sem nenhuma contrapartida, o pagamento da fatura quando ele não é responsável pelas dificuldades de tal ou tal banco é injustificável e provoca seu empobrecimento.

Protegê-lo e responsabilizar o acionista e o detentor de obrigações significa precisamente organizar o sistema financeiro em torno de bancos de dimensão reduzida, suscetíveis de assumir suas responsabilidades, ou, melhor dizendo, de falir de verdade se sua estratégia se revelar arriscada demais.

Os planos de austeridade

Como foi mencionado no início deste capítulo, procurar satisfazer os mercados financeiros exige da parte dos governos a imposição de planos de austeridade que recebem o aplauso desses mercados caso sejam suficientemente rigorosos. Ao contrário, consideram-nos tardios ou superficiais. Seria necessário, para satisfazê-los, baixar as remunerações dos operários europeus até o nível vietnamita ou indiano para que a Europa recuperasse, enfim, uma

---

18 A União Europeia dispõe de um orçamento de comunicação anual no valor de 500 milhões de euros!

verdadeira competitividade? Tais políticas são obviamente muito perigosas. Provocam a precarização do emprego e o empobrecimento dos assalariados. É caso de perguntar se não seria necessário recuar até ao começo do século XIX para satisfazê-los, isto é, a uma época sem sistema de aposentadoria, sem segurança social...

Paradoxalmente, os mercados financeiros, que se focalizam com tanto ardor no custo do trabalho, deveriam se alarmar com o descontrole constatado nas remunerações de certos diretores de bancos ou de grandes empresas (veja o capítulo seguinte). Deveriam inquietar-se igualmente com os custos que representam para as empresas os casos de dividendos excessivos. Contudo, é claro que não analisam esses problemas com a mesma acuidade.

A ditadura dos mercados financeiros

Seria um sacrilégio pretender limitar a influência dos mercados financeiros? As instituições que se desdobram, aliás sem muito sucesso, para satisfazer os mercados – que elas próprias apontam como sendo irracionais por reagir às supostas boas notícias de queda no valor das ações – não revelam também elas uma atitude irracional? Se, como indica a moderna teoria financeira, os mercados financeiros se comportam frequentemente de modo irracional, procurar satisfazê-los seria não só ilusório, mas também encorajaria sua tendência para a irracionalidade.

Mas quem se esconde finalmente atrás dos mercados financeiros, deuses eletrônicos da era moderna emitindo as sentenças irrevogáveis que caem em tempo real em nossa tela? Mais prosaicamente, trata-se de poderosos protagonistas como bancos de investimento e fundos especulativos que manipulam, ou tentam manipular, os próprios mercados para fazer frutificar suas apostas, gerando assim flutuações das cotações na bolsa, aparentemente erráticas, e sujeitando a economia a uma espiral perigosa.

É inútil procurar tranquilizar mercados financeiros dominados por tais atores. A partir do momento em que as transações financeiras são efetuadas a frequências cada vez mais elevadas, ou seja, a alguns milionésimos de segundo no caso das operações de alta frequência, aquilo que produz os lucros desejados é a febrilidade das cotações, e não sua estabilidade.

Paralelamente, cresce na população um sentimento de impotência. Os responsáveis políticos são eleitos com base em programas... em seguida geralmente descartados, caso tenham a infelicidade de desagradar aos mercados financeiros, cujo poder é contrário aos princípios básicos da democracia.

Em 1966, por ocasião de uma conferência de imprensa no Palácio do Eliseu, o general de Gaulle declarou: "A política da França não se decide na bolsa".[19] Somos obrigados a constatar que hoje a realidade é outra. Doravante são os mercados financeiros eletrônicos que determinam qual deve ser a orientação econômica, financeira e, consequentemente, social dos países! Os dirigentes, quer sejam de esquerda ou de direita, são levados a aplicar uma só política, aquela que é determinada pelos mercados financeiros. Algo que se assemelha a uma forma de ditadura.

A Grécia sob tutela

No começo de 2011, Georgios Papandreou, que era ainda o primeiro-ministro grego, ousou propor um referendo para que seus concidadãos se manifestassem a propósito da ajuda financeira necessária ao país e do plano de austeridade associado. Alguns dias depois tinha perdido o cargo. No âmbito daquilo que se supõe ser a democracia, esperava-se que a opinião dos cidadãos gregos, mas também alemães e franceses, tivesse alguma importância no que diz respeito às questões que lhes tocam diretamente, e que pudesse definir o destino dos fundos públicos! No fim de 2014, o FMI anunciou a suspensão dos empréstimos a esse país até a formação do

---

19 Declaração de 28 de outubro de 1966, por ocasião de uma conferência de imprensa no Palácio do Eliseu, em Paris.

novo governo, prevista para janeiro de 2015. A União Europeia não tardou a ir no mesmo sentido. Pierre Moscovici, o comissário europeu da economia, avisava regularmente: "A Grécia deve respeitar seus compromissos e adotar as reformas que se impõem". Para Wolfgang Schäuble, ex-ministro alemão da Economia, não haveria alternativa às reformas aplicadas na Grécia. Logo depois das eleições, a agência de avaliação de risco Moody's declarava que a vitória do partido Syriza "influía negativamente sobre as perspectivas de crescimento" da economia,[20] e o presidente da Comissão Europeia advertia: "Não pode haver decisão democrática contra os tratados europeus". A Troika – isto é, a Comissão Europeia, o Banco Central Europeu e o FMI – tem uma concepção singular da democracia: suas exigências devem prevalecer sobre as decisões dos eleitores. Os povos podem votar, mas seus governos devem respeitar certas "recomendações". Caso contrário, às advertências sucedem as ameaças dirigidas às populações que ousam levantar a hipótese de uma renegociação e anulação parcial das dívidas, mesmo quando estas resultam em grande parte de políticas fiscais e financeiras impostas em geral pela própria Troika.

No dia 25 de janeiro de 2015, foi eleito um novo governo grego com base na rejeição da ditadura dos mercados financeiros e do ditame da Troika. Desde essa data, assistimos a um golpe de Estado sub-reptício.[21] Como explicou Yanis Varoufakis em abril de 2015, então ainda ministro das Finanças grego, "o governo se defronta com um golpe de Estado de um novo tipo. Nossos adversários não são mais, como em 1967, os tanques, mas os bancos". A esses adversários conviria somar a Troika e as agências de avaliação de risco. Apesar do "Não" ao referendo de 5 de julho de 2015, a saber, à rejeição das injunções provenientes dessas instituições, o governo confirmou finalmente a política de austeridade de seus predecessores. A Grécia e a democracia foram postas sob tutela. Efetivamen-

---

20 Reuters, 27 jan. 2015.
21 Veja o artigo de Stelios Kouloglou, Grèce, le coup d'Etat silencieux, *Le Monde Diplomatique*, jun. 2015.

te, na ausência de uma verdadeira negociação, o governo eleito em janeiro de 2015 teve de ceder a uma rendição sem condições que se traduziu em inúmeras concessões, consistindo nomeadamente em não pôr em causa o programa de privatizações do governo precedente, em adiar o aumento do salário mínimo e aumentar o IVA. A política de privatização implica, na maior parte das vezes, consequências negativas para o contribuinte grego, como ilustra o caso da venda, efetuada pelo Estado grego em 2013, de 28 edifícios que ele continua a utilizar. Durante os próximos vinte anos, Atenas deverá pagar 600 milhões de euros de aluguel aos novos proprietários, correspondendo ao triplo da soma que recebeu pela venda – que foi diretamente entregue aos credores...[22]

Convém também mencionar a "privatização" de catorze aeroportos gregos turísticos e lucrativos, saldados em 2015 em favor de uma empresa alemã quase estatal: Fraport-Slentel. Essa operação foi subvencionada pelo contribuinte. Com efeito, a empresa foi autorizada a utilizar 300 milhões de euros de fundos públicos europeus para custear a modernização dos aeroportos, o que a Grécia poderia ter feito em seu proveito, se não tivesse sido obrigada a cedê-los.

Além disso, a política de rigorosa austeridade e de redução das despesas do Estado apresenta uma curiosa especificidade.[23] O governo do primeiro-ministro Tsipras desejava diminuir o orçamento da defesa, reduzindo o valor das compras de material militar. Os governos alemão e francês queriam impor uma lógica contrária: diminuir o orçamento de pessoal em vez da quantia reservada ao armamento. A Grécia representa para esses dois países uma verdadeira mina. A Alemanha exporta submarinos e, junto com a França, helicópteros. O caso dos submarinos é revelador de certas derivas, tanto no sentido literal como no figurado. Em 2000, o contrato foi assinado para a compra de três submersíveis da Alemanha

---

22 Ibid.
23 Veja sobre este tema: Die Griechen haben nicht über ihre Verhältnisse gelebt, *Deutsche Wirtschafts Nachrichten*, 7 ago. 2015.

48 MARC CHESNEY

e, em 2002, foi encomendado um quarto. O primeiro foi entregue à Grécia em 2010, com cerca de cinco anos de atraso. O custo total desse programa de armamento, que incluía também a modernização de submarinos existentes, foi de 2,84 bilhões de euros. Tratava-se do programa Arquimedes. O primeiro submarino não pôde entrar em serviço na data de entrega, pois foi considerado inapto à navegação pela marinha grega. Ele adernava, quer dizer, ficava inclinado quando em repouso.

Em 2009, antes da entrega, o governo grego já tinha pago 70% do total e se recusava a pagar a quantia restante. Em 2010, ordenou um inquérito para que se examinasse esse contrato. O mesmo aconteceu na Alemanha. Apurou-se por meio desses inquéritos que a assinatura do contrato foi acompanhada do pagamento de comissões fraudulentas no valor de 55 milhões de euros. No momento em que escrevemos este livro, o litígio ainda não havia encontrado solução e a Grécia pagou cerca de 2 bilhões de euros ao fornecedor alemão, sem nunca ter recebido um só submersível digno desse nome. Talvez se trate de submarinos fantasmas!

Voltando ao governo eleito em janeiro de 2015, não podemos deixar de constatar que ele não aplicou o programa que tinha anunciado. O futuro é negro. E, no entanto, é essencial executar outra política financeira, visto que aquela que prevaleceu até o momento é sinônimo de fracasso. A população foi vítima de uma dolorosa dose de austeridade que, do ponto de vista econômico, só piorou a situação. Instituições internacionais como o FMI, o BCE e a UE, que pretendem socorrer a Grécia, na realidade ajudaram os grandes bancos alemães e franceses a se desfazer de suas dívidas suspeitas de origem grega. O fato é que, até 2008, os bancos haviam emprestado quantias consideráveis a esse país e acabaram ficando em situação delicada quando sua situação catastrófica se tornou pública em 2009. Naquele momento, a soma das dívidas gregas era da ordem de 300 bilhões de euros. O setor financeiro estava exposto à razão de dois terços dessa quantia, ou seja, aproximadamente 200 bilhões de euros. Porém, no começo de 2015, o mesmo setor financeiro detinha apenas cerca de 12% da dívida grega. Na maioria dos

A CRISE PERMANENTE **49**

casos, tratava-se de fundos abutres que tentam se aproveitar da situação reclamando reembolso depois de ter comprado créditos a preços muito baixos.[24]

Talvez seja um bom negócio para eles, mas com certeza é péssimo para o contribuinte europeu. Assim, entre 2009 e 2015, a situação se alterou substancialmente. Em 2011, Jean-Claude Trichet, então presidente do BCE, lançou uma política de compra de títulos dos países europeus em dificuldades, dentre os quais a Grécia. Instituições públicas como a União Europeia e o BCE, desde então, ficaram em primeira linha no que diz respeito à exposição à dívida grega que, no começo de 2015, era da ordem dos 200 bilhões de euros. Em fevereiro de 2012, a dívida passou por uma restruturação e 53% do total detido por credores privados, a saber, cerca de 107 bilhões de euros, foram apagados.

Na realidade, dezenas de bilhões de euros de compensação, em forma de recapitalizações e garantias públicas, foram concedidos a esses credores[25] e, em especial, aos grandes bancos franceses e alemães que aceitaram essa reestruturação. Foi assim que os "responsáveis" europeus procederam para que as perdas fossem socializadas. Em nome do quê o contribuinte europeu deveria assumir os riscos a que se expuseram esses estabelecimentos? Em nome da satisfação dos mercados financeiros!

A Grécia só se beneficiou de cerca de 10% dos quase 300 bilhões de euros de ajudas públicas pagas no âmbito dos planos de "salvação". O restante retornou aos seus credores.

A extinção parcial da enorme dívida desse país parece inevitável. Foi, aliás, o que aconteceu em 1953 com a Alemanha, que, no pós-guerra, carregava uma dívida da ordem de 200% do PIB. No entanto, o BCE e a UE continuam a negar as evidências. O FMI reconheceu essa necessidade um pouco tarde, no começo de julho

---

24 Veja: Martine Orange, Grèce: retour sur six ans de politique *européenne* calamiteuse, *Mediapart*, 11 fev. 2015.

25 Ibid.

50 MARC CHESNEY

de 2015,[26] depois de ter assumido uma atitude intransigente durante as "negociações" com a Grécia. E, no entanto, o FMI já há certo tempo, de fato desde fevereiro de 2014, vem se mostrando bem mais maleável no caso da Ucrânia, que também lida com uma situação financeira catastrófica. Os critérios das decisões do FMI são claramente de caráter volúvel.

A quem querem enganar?

Será que os mercados escondem virtudes que obrigariam os Estados a cuidar de suas contas? Francamente, o exemplo grego mostra que tudo isso não passa de uma falcatrua. As derrapagens orçamentais em questão foram em parte camufladas em 2000, graças à utilização de um produto financeiro complexo, o Swap de divisas,[27] providenciado por um dos atores importantes do mercado, o banco Goldman Sachs. Essa armação suspeita custou à Grécia pelo menos 300 milhões de euros, que se reverteram em comissões para o banco. Graças a esse montante de dívida dissimulada, entre outros expedientes, a Grécia conseguiu obedecer em aparência aos critérios de Maastricht e, em consequência, integrar a Zona Euro, o que não deveria ter acontecido. Mario Draghi, ex-presidente do Banco Central Europeu, foi de 2002 a 2005 vice-presidente do Goldman Sachs Internacional. Não há registro de que tenha condenado publicamente essas operações. Loukás Papadímos, então governador do Banco Central grego e primeiro-ministro do país em

---

26 Veja: Greece, An update of IMF staff's preliminary public debt sustainability analysis, *IMF Country Report No.15/186*, 14 jul. 2015.

27 Swap de divisas: trata-se de contratos financeiros impondo às partes implicadas a troca de quantias em divisas, a uma taxa de câmbio e data determinadas, e também ulteriormente ao pagamento dos juros correspondentes, além do reembolso final das quantias em questão. No caso que nos interessa, o câmbio de divisas e a utilização de uma cotação euro/dólar fictícia permitiu à Grécia obter um empréstimo escondido, no sentido em que não aparecia na contabilidade nacional.

2011, foi um dos homens-chave da transação. Os dois dirigentes fizeram parte, ou fazem ainda à data da redação deste livro, do grupo de tecnocratas encarregados de pôr ordem nas contas públicas na Europa e de limitar o volume das dívidas.

Além disso, o BCE recusa-se a divulgar as informações de que dispõe a propósito dessas práticas duvidosas, informações solicitadas pela Agência Bloomberg, que desejava ter acesso a duas análises realizadas pelos peritos do BCE cobrindo o período de 1998 a 2001.

Um julgamento da Corte Europeia de Justiça datado de 29 de novembro de 2012 recusou o pedido da Bloomberg. O BCE foi assim confortado em sua decisão e autorizado a esconder essas informações. Segundo a Corte Europeia: "Revelar esses documentos seria prejudicial à proteção do interesse público, no que respeita à política econômica da União Europeia e da Grécia".

Como é possível que a divulgação de documentos provenientes de uma instituição pública possa atentar contra o interesse público? Em nome de quê uma instituição, no caso o BCE, estaria autorizada a impor um caráter confidencial às suas análises sobre o período-chave que precedeu a criação do euro? Que segredos são esses que o Banco deseja esconder? O cidadão deveria ter acesso às informações, visto que paga a fatura das montagens suspeitas realizadas pelo Goldman Sachs. O que o BCE sabia, ou não queria saber, desses procedimentos? O que os deputados europeus estão esperando para se ocupar da questão?

Quebrar o tabu da dimensão excessiva e da complexidade dos mercados financeiros

Henry Ford, fundador da Ford Motor Company, declarou: "É de apreciar que o povo desta nação não entenda nada do sistema bancário e monetário, pois se tal fosse o caso, acho que seríamos confrontados com uma revolução até amanhã cedo". Dada sua dimensão e sua opacidade, o setor financeiro tenta efetivamente se esquivar de um controle democrático.

52 MARC CHESNEY

Os produtos derivados,[28] inerentemente complexos, se tornaram um componente essencial dos mercados financeiros. Na maior parte das vezes são apresentados como instrumentos de cobertura, permitindo aos atores da economia real, como os importadores e os exportadores, cobrir-se contra as variações desfavoráveis dos preços ou das cotações de divisas. Por exemplo, se uma empresa portuguesa importa produtos fabricados na Suíça, deverá efetuar um pagamento em francos suíços (que correspondem aproximadamente ao valor do dólar) a uma data determinada. Pode ser útil ter um seguro contra uma eventual subida do valor do franco em relação ao euro, para evitar sofrer as consequências, ou seja, essa empresa ser obrigada a comprar os francos a um preço superior. Paralelamente, uma companhia aérea poderá se precaver contra um eventual aumento do preço do combustível, adquirindo opções de compra deste último, que lhe permitam comprar o combustível a um preço em dólares acertado previamente. Ora, os produtos derivados têm globalmente um valor nominal que representa cerca de nove vezes o PIB mundial. Trata-se de algo completamente desmesurado. O importador certamente não cobre nove vezes o valor dos produtos importados, mas uma única vez. A companhia aérea também não deve contrair seguros sobre nove vezes seu volume de combustível, mas uma só vez.

Além disso, certos setores econômicos, como alguns serviços, são pouco sujeitos a bruscas variações de preços. Por exemplo, a tradução de um livro geralmente não requer cobertura contra eventuais mudanças da tabela de preços. Se os produtos derivados correspondessem essencialmente a operações de seguros, seu valor nominal deveria ser bem inferior ao do PIB mundial, isto é, da ordem dos 20% ou 40% deste, e não nove vezes maior!

Os produtos derivados constituem também uma das dimensões da questão grega. Uma das razões da teimosia do FMI, do BCE e

---

28 Produtos derivados: contratos financeiros cujo valor depende de um ativo subjacente. Por exemplo, uma opção de compra sobre uma ação permite ao seu detentor comprar uma ação a um preço fixado previamente, durante um período de tempo predeterminado.

da EU ao negar a evidência da falência grega é a circulação de uma enorme quantia em produtos financeiros apostando na falência grega. Trata-se dos Credit Default Swaps apresentados no Capítulo 4. Como esses produtos são negociados de modo particularmente opaco e sem verdadeira regulação, as "autoridades competentes" não sabem com exatidão, ou não querem saber, se tais contratos foram vendidos por bancos situados em Frankfurt, Paris, Londres ou Nova York. Negar a falência permite evitar a ativação dessas apostas e, portanto, evitar que fiquem em situação delicada aqueles que apostaram na capacidade do FMI, do BCE e da EU de encontrar uma solução, ou seja, os bancos que venderam as apostas sobre a bancarrota desses países. A título de exemplo, o Deutsche Bank poderia ser seriamente abalado por uma falência grega. De fato, suas atividades com produtos derivados são desmedidas. Representavam, em 2017, cerca de 48,265 trilhões de euros,[29] quer dizer, cerca de quinze vezes o PIB alemão, quantia da ordem de dois terços do PIB mundial! Além disso, a dívida do Deutsche Bank é enorme. Os riscos em que incorre são, portanto, particularmente graves, sobretudo em se confirmando que o banco vendeu massivamente Credit Default Swaps, apostando na falência da Grécia. Se isso ocorreu de fato, suas perdas podem ser catastróficas mesmo em caso de não pagamento de apenas uma parte das dívidas gregas.

Os mercados de câmbio também têm uma dimensão excessiva. Uma semana de transações nesses mercados seria suficiente para que se efetuasse o total anual do comércio internacional de bens e serviços. Qual é a utilidade das transações durante as 51 semanas restantes? Elas concorrem para o desenvolvimento de uma especulação desmesurada que prejudica a eficiência e a transparência dos mercados de divisas essenciais às empresas em suas atividades de exportação e de importação.

Em 15 de janeiro de 2015, o anúncio do abandono da cotação mínima de 1,2 franco suíço para 1 euro pelo Banco Nacional Suíço

---

29 Diz respeito aos produtos derivados negociados nos mercados de balcão, definidos no Capítulo 4. Veja o relatório anual de 2015 do Deutsche Bank.

(BNS) foi também resultado da dimensão excessiva dos mercados de câmbio. Para lutar contra a tendência contínua do franco para se valorizar, o BNS instaurou em 2011 essa cotação mínima. Todavia, para manter tal política, teve de comprar um enorme volume de euros. O custo dessa política tornou-se elevado demais.[30] Para dar uma ordem de grandeza, em 2013 o volume médio diário do conjunto das transações sobre o franco correspondia a cerca de 270 bilhões de dólares, 70 bilhões dos quais para as transações franco--euro.[31] Um fundo de investimento dando uma garantia de 500 milhões de dólares pode obter de um grande banco um crédito de 10 bilhões de dólares. São suficientes 5% de exposição inicial. Assim, o fundo pode especular à alta do franco e à baixa do euro com enormes recursos: 10 bilhões de dólares. Outros fundos especulativos, como também grandes bancos, podem fazer o mesmo. A longo prazo, é difícil para o BNS rivalizar com tais protagonistas. Seu balanço já era de cerca de 500 bilhões de francos pouco antes desse anúncio, isto é, por volta de 85% do PIB suíço. Para limitar a subida do franco, o BNS não poderia comprar a cada dia os bilhões de euros vendidos por esses protagonistas. Além disso, como investir os euros de modo judicioso? Os ativos associados a uma divisa cujo futuro é incerto o obrigam a correr riscos elevados.

Quanto à complexidade, ela é suscetível de se transformar em um verdadeiro fator de lucro e de poder: de lucro, porque os bancos capazes de emitir produtos derivados complexos na prática excluem do mercado os concorrentes menores, na esperança de realizar lucros substanciais. A complexidade é também um fator de poder, visto que se supõe que apenas os dirigentes dos bancos de investimento ou de fundos especulativos podem compreendê-la e controlá-la. Por isso, muitos deles acabam ocupando funções políticas do mais alto nível. É o caso de Robert E. Rubin ou Henry M. Paulson

---

30 Veja o artigo de Frédéric Lelièvre, La décision de la BNS en dix questions, *Le Temps*, 7 set. 2011.

31 Veja o relatório do Banco de Compensações Internacionais: Triennial Central Bank survey global foreign exchange market turnover in 2013, fev. 2014.

Jr., ambos secretários do Tesouro, respectivamente da administração Clinton e da de George W. Bush. É o caso também de Mario Draghi, já mencionado, que preside o Banco Central Europeu no momento em que este livro está sendo escrito, de Mark Carney, seu homólogo na Inglaterra, de William Dudley, diretor da Reserva Federal de Nova York,[32] ou ainda de Mario Monti, presidente do Conselho de Ministros na Itália de 2011 a 2013, todos eles antigos altos dirigentes do banco Goldman Sachs. O diretor do Banco da França nomeado em setembro de 2015, François Villeroy de Galhau, era diretor geral do grupo BNP Paribas pouco antes dessa data. O ministro da Economia espanhol, Luis de Guindos, nomeado em fins de 2011, não escapa à regra, visto que foi presidente do Banco Lehman Brothers para a Península Ibérica.

Esses tecnocratas apresentados como politicamente neutros aplicam, em geral, políticas favoráveis às instituições que serviram... ou que vão servir, como é o caso de José Manuel Barroso, ex-presidente da Comissão Europeia, que foi recrutado em 2016 pelo Goldman Sachs como conselheiro e presidente não executivo!

De fato, a grande maioria da população é excluída do debate sobre os riscos associados aos mercados financeiros e às inovações financeiras. É algo inquietante para a democracia em geral, e para o contribuinte em particular, que, em última instância, assume os riscos!

Em suma, na situação atual, procurar saciar o Moloch financeiro é não só ilusório, mas também perigoso em termos tanto sociais como democráticos e econômicos. O setor financeiro escraviza a sociedade e impõe sua lógica à economia, a qual não está apta a desempenhar seu papel e permitir o florescimento do gênero humano.

A essa altura, é interessante analisar como a esfera financeira, que reivindica para si os princípios da doutrina liberal, devendo supostamente responder aos interesses da maioria, acaba contradizendo dia após dia os próprios princípios dessa doutrina, em uma

---

32 Nos Estados Unidos, os doze Bancos Regionais de Reserva, entre os quais o de Nova York, pertencem, aliás, a bancos privados.

dinâmica antidemocrática. A oligarquia financeira se apoia sobre grupos de pressão[33] particularmente poderosos, que têm força para influenciar de forma determinante governos e instituições internacionais. As contradições entre os princípios virtuosos proclamados pelo setor financeiro e seu funcionamento suspeito constituem o tema do próximo capítulo.

---

33 Veja a esse respeito: Simon Johnson e James Kwak, *13 Bankers, The Wall Street takeover and the next financial meltdown.*

3
LIBERALISMO: A ESFERA FINANCEIRA É CRENTE, MAS NÃO PRATICANTE[1]

Durante o século de ouro do liberalismo, do fim das Guerras Napoleônicas ao início da Primeira Guerra Mundial, o desenvolvimento das nações industrializadas se apoiou nos grandes bancos que abriram às indústrias nacionais o acesso à poupança local. Com a primeira globalização, durante o período de 1870 a 1914,[2] o processo internacionalizou-se e a poupança nacional foi sendo canalizada para o estrangeiro. Na época, a França estava na dianteira desse processo, logo atrás da Inglaterra.[3]

A partir do momento em que alguns bancos começaram a dirigir a poupança para aplicações suspeitas, e não para aplicações produtivas, os investimentos transformaram-se em prejuízos. O escândalo do Canal do Panamá[4] é um claro exemplo disso. Os em-

---

1 Este capítulo e o seguinte inspiram-se em parte no meu artigo intitulado Der Liberalismus und die Logik des Finanzsektors, *Neue Zürcher Zeitung*, 1 jul. 2013.

2 Veja a esse respeito: Suzanne Berger, *Notre première mondialisation. Leçons d'un échec oublié.*

3 Ibid., versão inglesa online, p.4.

4 O escândalo do Panamá: trata-se de um escândalo ligado a um caso de corrupção na França no final do século XIX, que provocou a falência, em 1889, da empresa francesa criada em 1879 para financiar a construção do Canal do Panamá.

58   MARC CHESNEY

préstimos russos, outro: bem antes da Revolução de 1917, várias vozes já tinham se elevado alertando para a situação reinante no império. Segundo um economista russo da época,[5] o orçamento da Rússia era "um objeto decorativo voltado para o exterior". Na França, Jean Jaurès denunciou o controle monopolístico exercido por alguns bancos sobre a poupança, assim como as comissões que eles cobravam pelos empréstimos ao exterior. O valor dos lucros daí decorrentes era particularmente importante, visto que, por exemplo, no caso do Crédit Lyonnais, entre 1887 e 1903, 30% dos lucros provinham das taxas de serviço exigidas aos clientes para participar dos empréstimos.[6] Certos jornalistas eram pagos para insistir nos méritos dessas aplicações, para grande satisfação de alguns bancos franceses.[7] O resultado é conhecido. No final da guerra, dois terços dos investimentos franceses no exterior foram pura e simplesmente perdidos.[8]

Da primeira à segunda globalização

Uma globalização exige que a circulação de pessoas, mercadorias e capitais seja tão livre quanto possível, e pressupõe o progresso tecnológico necessário a esses deslocamentos.

Quando da primeira globalização, os movimentos em questão se assentaram sobre os setores ferroviário e marítimo, e ainda sobre o telégrafo e a primeira versão do telefone. Com a segunda, que se iniciou nos anos 1980, foram envolvidos também os setores aéreo e espacial, além da internet, que substituiu o telégrafo. As tecnologias subjacentes são, entre outras, a informática e a inteligência artificial. A globalização das trocas e a interconexão dos países não garantem nem a paz nem a estabilidade. A primeira globalização

---

5 Veja a versão inglesa da obra de Berger, p.65.
6 Ibid., p.51.
7 Ibid., p.63.
8 Ibid., p.39.

A CRISE PERMANENTE **59**

sucumbiu à Grande Guerra. A segunda não permitiu resolver as numerosas tensões existentes atualmente e engendrou múltiplas crises financeiras.

Hoje, o Eldorado econômico já não é russo, mas sim chinês, e os grandes bancos ocidentais estão diretamente implicados na organização e na implementação dos investimentos estrangeiros nesse país. Tal como no começo do século passado, é bastante provável que os riscos econômicos e sociais – para não citar os riscos de ordem ambiental – tenham sido subestimados e que a informação seja incompleta. Os Estados Unidos desempenham também um papel-chave no contexto da segunda globalização. E encarnam ainda outro Eldorado: são a referência em matéria de neoliberalismo desenfreado. Desde os anos 1980, Wall Street dá o tom em relação às finanças, tanto em termos de montagens opacas e suspeitas quanto em produtos tóxicos, para os quais é desviada a poupança. Os investidores que caem na armadilha acabam pagando a conta. Paralelamente, o poder militar do país e a supremacia do dólar lhe conferem uma situação privilegiada, permitindo-lhe continuar vivendo acima de seus meios.

Ao contrário da primeira globalização, a segunda prejudica diretamente o progresso social. Dominada pela finança-cassino, caracteriza-se por uma desconexão crescente entre a lógica do setor financeiro e as necessidades da economia e da sociedade, situação que se agrava de geração em geração, aumentando a inquietude da população. A agenda neoliberal instaurada nos anos 1980 e o papel desempenhado pelos grandes bancos nesse processo são os principais componentes da globalização que convém analisar atentamente.

Os anos 1970, caracterizados sobretudo pela estagflação,[9] pela abolição dos acordos de Bretton-Woods, que garantiam taxas de câmbio fixas entre as principais divisas desde o fim da Segunda

---

9 Situação econômica onde a estagnação, isto é, um crescimento fraco ou negativo, é acompanhada por inflação.

60   MARC CHESNEY

Guerra Mundial, pelas consequências econômicas da Guerra do Vietnã e os choques petrolíferos marcam o fim de uma era. Com a ascensão ao poder de Margareth Thatcher no Reino Unido em 1979, e de Ronald Reagan nos Estados Unidos em 1981, os anos 1980 assistirão a uma mudança de política econômica em nível internacional. Uma política de oferta substitui uma política de demanda. Esta última é de natureza keynesiana, baseada na intervenção do Estado, cujas despesas se supõe que regulem a economia, reduzam e estabilizem o desemprego.

A política de oferta é de natureza neoliberal, envolvendo a desregulação das esferas econômica e financeira, assim como a privatização das empresas públicas. Ela é acompanhada por uma política monetarista, cujo objetivo é controlar a inflação. O Banco Central, apresentado como independente do poder político, supostamente deve controlar a massa monetária. Considera-se que uma política de oferta deve criar as condições que permitirão um posterior crescimento econômico.

Essa política econômica acabou instaurando regras implícitas como a que confere às agências de avaliação de risco um poder exorbitante sobre a economia, ou a que permite a instituições financeiras supostamente *"too big to fail"* financiar-se a um custo limitado – o que acaba equivalendo a conceder-lhes subvenções – ou ainda a que impõe aos contribuintes suportar o custo decorrente do resgate dessas mesmas instituições quando entram em quase falência.

Ora, as situações de cartel, o recurso às subvenções, assim como a privatização dos lucros e a socialização dos prejuízos, são claramente contrários ao espírito do liberalismo.

Em que consiste o liberalismo?

Desejamos demonstrar neste ponto que a financeirização da economia, característica da atual globalização, contradiz os princípios capitais do liberalismo em que se supõe que ela se baseia. Solicitemos a contribuição de alguns autores de referência na área, tais como Ludwig von Mises, Friedrich August von Hayek, Milton Friedman e também Adam Smith, para nos ajudar a identificar aquilo que deve ser entendido por liberalismo.

Comecemos por Von Mises que, à questão "O que é o liberalismo? ", respondeu: "O liberalismo é uma doutrina inteiramente voltada para a conduta dos homens neste mundo. Em última análise, a nada visa senão ao progresso do bem-estar material exterior do homem".[10] E prossegue do seguinte modo: o liberalismo sempre "almejou a promoção e o bem-estar de todos, e não de grupos específicos".[11]

À questão de saber o que o liberalismo não é, Von Mises responde: "Uma política antiliberal é uma política de consumo de capital. Recomenda que o presente seja muito bem provido, à custa do futuro".[12]

Friedrich von Hayek, por seu lado, deixa muito clara sua oposição ao intervencionismo do Estado em matéria econômica, assim como seu parecer sobre aquilo que o liberalismo deveria evitar. Em suas palavras:

> O Estado deveria se limitar a estabelecer as regras adequadas às condições gerais, às situações típicas e garantir ao indivíduo a liberdade de ação em todas as circunstâncias específicas, já que só o indivíduo em questão pode conhecer perfeitamente essas circunstâncias particulares e ajustar seu comportamento de acordo com elas.[13]

Enfim, segundo Adam Smith, em uma sociedade liberal, o indivíduo "é conduzido por uma mão invisível a promover um objetivo que não faz parte de forma alguma de suas intenções". "Perse-

---

10 Introdução de *Liberalismo segundo a tradição clássica* (Instituto Ludwig von Mises Brasil, 2010).
11 Ibid.
12 Ibid.
13 Friedrich August von Hayek, *Der Weg zur Knechtschaft*, p.105

62 MARC CHESNEY

guindo seus interesses, ele promove os da sociedade de modo mais eficaz do que se tentasse fazê-lo intencionalmente."[14] Em outras palavras, procurar satisfazer seus próprios interesses favorece os interesses da sociedade. A expressão de Adam Smith, "mão invisível", evoca essa ideia.

Globalmente, do fim das Guerras Napoleônicas ao começo da Primeira Guerra Mundial, as políticas inspiradas no liberalismo permitiram um desenvolvimento sem precedentes, tanto nas vertentes econômicas e científicas como nas sociais, mesmo para a maioria da população.

Uma oligarquia financeira paramentada com as vestes do liberalismo

A comparação de cada um dos trechos precedentes com a situação atual é rica de ensinamentos. Comecemos com Von Mises.

O liberalismo sempre "almejou a promoção e o bem-estar de todos, e não de grupos específicos".

A distribuição de renda permite medir se o interesse geral é respeitado ou negligenciado. Para analisar a questão é interessante adotar uma perspectiva histórica. Segundo o economista Thomas Piketty,[15] nos Estados Unidos, o 1% da população que dispõe da renda mais elevada recebia, em 1910, cerca de 18% do total dos rendimentos. Em 1970, a situação havia parcialmente se reequilibrado e o mesmo 1% recebia apenas 8% do total. Em 2010, as disparidades de renda tinham voltado a se agravar: 18% das rendas eram auferidas por 1% da população, o que equivalia à situação reinante um século antes.

Porém se, em vez de focalizarmos o 1% da população de renda mais elevada e nos interessarmos por uma percentagem ainda inferior, da ordem dos 0,01%, então as disparidades se acentuam,

---

14 Adam Smith, *An Inquiry into the Nature and Causes of the Wealth of Nations.*
15 Thomas Piketty, *O Capital do século XXI.*

se comparadas com as da época da Primeira Guerra Mundial. Os trabalhos de Piketty baseiam-se nas declarações de impostos; ora, a existência de paraísos fiscais, de produtos financeiros complexos e de montagens contabilísticas opacas facilita a camuflagem das grandes fortunas. Mesmo maquiada, a situação é clara: em muitos países, as disparidades de renda atingiram hoje níveis extremos e desconhecidos até agora.

O caso dos Estados Unidos é eloquente. Em 2006, cada um dos vinte diretores de fundos especulativos mais bem remunerados recebeu em média 657 milhões de dólares. Essas remunerações são cerca de 15 mil vezes mais elevadas que o salário médio nesse mesmo ano. Em 1970, a relação entre as mais altas remunerações e o salário médio situava-se numa ordem de grandeza de 30 a 40. As remunerações dos diretores de fundos especulativos correspondem a dezoito vezes a remuneração média dos vinte presidentes mais bem pagos das instituições não financeiras do índice S&P 500, o que deixa claro onde se concentra hoje o verdadeiro poder.

A título de comparação, na França, a relação entre o salário do presidente da República e o do beneficiário do salário mínimo é da ordem de dez.[16] Em 2006, Thierry Desmarest, presidente do Conselho de Administração da Total, recebeu cerca de 3 milhões de euros, que corresponde a 2142 vezes o salário mínimo.

Em 2006, o presidente do fundo especulativo Soros Renaissance Technologies recebeu 1,5 bilhão de dólares, isto é, cerca de vinte vezes superior ao mais fartamente remunerado dos presidentes das instituições não financeiras do índice S&P 500, no caso o diretor da Yahoo, com seus 72 milhões de dólares. Em 2007, essa relação passou de 20 para 44 vezes. De fato, John Paulson, diretor do fundo especulativo batizado com seu nome, recebeu cerca de 3,7 bilhões de dólares, e o da Oracle "apenas" 85 milhões de dólares. Esses 3,7

---

16 Na realidade, a disparidade é maior, visto que o presidente da República, alojado no Palácio do Eliseu à custa do contribuinte, não paga nenhuma das faturas da vida corrente: aluguel, alimentação, transportes...

64 MARC CHESNEY

bilhões representam cerca de 80 mil vezes a renda média nos Estados Unidos.

Em 2013, as disparidades de renda se acentuaram ainda mais em relação a 2007. Os diretores dos vinte fundos especulativos mais bem remunerados receberam em média 1,1 bilhão de dólares, ou seja, cerca de 25 mil vezes o salário médio dos Estados Unidos e 33 vezes mais que a média das vinte remunerações mais elevadas dos presidentes das instituições não financeiras do índice S&P 500, média que foi de 33 milhões de dólares. Nesse mesmo ano, George Soros, diretor do fundo especulativo Soros Renaissance Technologies, bateu todos os recordes. Recebeu a quantia de 4 bilhões de dólares, isto é, cerca de 52 vezes mais que Larry Ellison, o presidente mais bem pago (Oracle) das instituições não financeiras do índice S&P 500, que recebeu 76,9 milhões de dólares.[17] Comparado à renda média nos Estados Unidos, George Soros recebeu em 2013 aproximadamente 87 mil vezes esse valor.

Em 2016, os dirigentes mais bem pagos de fundos especulativos, nesse caso James Simons e Michel Platt, respectivamente Renaissance Technologies Corp. e Bluecrest Capital Management, receberam uma soma de 1,5 bilhão de dólares cada. Isso corresponde a 34 mil vezes o salário médio americano e representa cerca de 6,3 vezes a renda de Marc Lore, CEO do Walmart, o diretor mais bem pago das sociedades não financeiras do Índice S&P 500, que recebeu 237 milhões de dólares.[18]

Na lógica liberal, esse tipo de remunerações astronômicas é ainda mais problemático e injustificável quando vem acompanhado de pesados prejuízos para o acionista e o contribuinte.

Brady Dougan, à frente do Credit Suisse até o começo de março de 2015, recebeu durante os oito anos em que exerceu essas funções cerca de 160 milhões de francos suíços, enquanto nesse período a

---

17 Veja o link: http://graphics.wsj.com/executive-salary-compensation-2014, Executive Compensation: How CEOs Rank, *Wall Street Journal*.
18 Veja: Forbes, Bureau of labor statistics, 2018.

cotação da ação do Credit Suisse perdeu aproximadamente 70% do valor, e o banco, acusado de ter facilitado evasão fiscal nos Estados Unidos, teve de pagar em 2014 uma multa recorde de 2,8 bilhões de dólares! Não só o acionista e o cliente arcaram com essa multa; o contribuinte também foi atingido, visto que essa quantia foi em parte descontada dos impostos a pagar pelo banco! A situação não melhorou com seu sucessor, Tidjane Thiam, que recebeu por volta de 90 milhões de francos entre julho de 2015 e fevereiro de 2020, enquanto a ação do Credit Suisse perdeu 40% do seu valor nesse período.

Em 2018, sua renda chegou a 12,7 milhões de francos, apesar do ano difícil para o banco, marcado por perdas e multas.[19]

O banco suíço UBS não fica a dever, visto que, se os bônus pagos durante os anos difíceis que foram 2007, 2008, 2009 e 2012 tivessem sido suprimidos, boa parte dos prejuízos teria sido apagada. Nesse caso, a instituição teria pagado seus impostos sobre os lucros desde 2012, em vez de aguardar 2017 para isso. Os cerca de 49 milhões de francos que o banco deveria ter pago nesse período equivalem precisamente à quantia que as escolas, os centros de formação e a universidade do cantão de Zurique deverão economizar em 2017![20] É bom lembrar que o contribuinte suíço foi chamado a socorrer a UBS em 2008 para evitar o colapso do banco, e os bônus pagos nesse período foram, em consequência, particularmente injustificáveis.

Richard Fuld, ex-CEO do Lehman Brothers, recebeu entre 2000 e 2007 cerca de meio bilhão de dólares, e isso apesar de sua responsabilidade na estratégia que levou esse banco à falência em 2008.

Os exemplos desse tipo são múltiplos e sem fronteiras. Na Espanha, um dos dirigentes do Bankia, Aurelio Izquierdo, recebeu

---

19 Veja: Credit Suisse CEO pockets $12 million despite back-to-back losses, *Business News*, 24 mar. 2017.

20 Cf. Marc Chesney e Brigitte Maranghino-Singer, Bessere Bildung statt hohe Boni, *Tagesanzeiger*, 30 dez. 2015.

66 MARC CHESNEY

para sua futura aposentadoria um "paraquedas dourado"[21] de 7,6 milhões de euros em 2012, apesar dos 23 bilhões de euros que o contribuinte europeu teve de pagar ao banco para que evitasse a falência.

Quanto ao diretor-geral da AIG Financial Product Division, Joseph Cassano, depois de se ter aposentado em 2008, foi contratado como "consultor" por essa empresa de seguros americana, com o salário de 1 milhão de dólares por mês. Ora, a empresa, que estava praticamente falida em 2008, foi resgatada pelos contribuintes americanos. Segundo ele, esse contrato de consultoria permitia à AIG conservar o "capital intelectual"[22] do qual ele seria portador! Contrariamente a outras instituições financeiras, a origem dos problemas da AIG foi uma aposta maciça na sobrevivência do banco Lehman Brothers. A que "capital intelectual" ele se refere? *That is the question.*

E não esqueçamos de mencionar também Jamie Dimon, presidente do JPMorgan Chase, cuja remuneração aumentou 74% em 2013, chegando aos 20 milhões de dólares, apesar dos cerca de 6 bilhões de dólares de prejuízo em 2012 decorrentes das atividades do *trader* Bruno Iksil, mencionado no primeiro capítulo, e dos cerca de 20 bilhões de dólares de multas pagas pelo banco em 2013 para tentar solucionar os múltiplos processos judiciais ou acusações a que o banco fazia face, entre as quais a de cumplicidade de fraude no caso do escroque Bernard Madoff. Dirigir um banco considerado *"too big to fail"* e contar com um conselho de administração compreensivo é claramente bastante lucrativo.

Segundo Von Mises, em uma sociedade liberal, só um aumento generalizado de produtividade do trabalho em dado setor pode gerar um aumento das remunerações nesse mesmo setor. No caso da esfera financeira, considerando os numerosos problemas e dese-

---

21 "Paraquedas dourado" é um termo que designa a indenização oferecida a um executivo no final de seu contrato, em geral por aposentadoria ou mudança no capital social da empresa.

22 Veja a intervenção de Joseph Cassano no filme *Inside Job.*

quilíbrios associados à crise, argumentar que o nível atingido pelas remunerações mais elevadas se justificaria pelo crescimento da produtividade ou é cinismo ou desonestidade intelectual.[23]

As estatísticas relativas às pessoas mais pobres são também impressionantes. No começo do século XXI, segundo o Pew Research Center, cerca de 70% da população mundial dispunha no máximo de 10 dólares por dia, considerada assim como de baixa renda. Segundo a FAO, em 2014 cerca de 800 milhões de indivíduos sofriam as consequências de uma subnutrição crônica, que matava cerca de 3 milhões de crianças por ano.

A riqueza acumulada também torna evidente as injustificáveis disparidades de renda. Segundo a revista *Forbes*, em 2017 a soma das cem primeiras fortunas mundiais era da ordem de 2,3 trilhões de dólares, quase o PIB da França.[24]

Além disso, atualmente o 1% da população mais rica possui tanto quanto os 99% restantes, ou seja, esse 1% controla 50% da riqueza mundial. Enfim, segundo a organização britânica Oxfam, em 2018, os 26 indivíduos mais ricos do mundo possuíam o equivalente daquilo de que dispunha a metade mais pobre da população mundial e, em 2017, "82% da riqueza criada mundialmente ficou com o 1% mais rico, e a metade mais pobre da população global (3,7 bilhões de pessoas) ficou sem nada".

Assim, em nível internacional, as gigantescas disparidades de renda e de riqueza que observamos hoje são comparáveis àquelas que existiam antes da Primeira Guerra Mundial, se não piores. Trata-se de um dos sintomas da insaciável fome da esfera financeira e da lógica que esse setor impõe ao setor econômico. Tal patologia é humanamente nociva, pois é contrária aos princípios de base inculcados à maioria dos indivíduos desde a infância, qualquer que seja sua origem, cultura ou sua eventual religião, e que fundamentam a educação. E é também nociva economicamente. Nossa sociedade é

---

23 Na Suíça, a produtividade média do setor financeiro por assalariado mal corresponde à metade da produtividade do setor farmacêutico. Veja: Birgit Voigt, Pharmafirmen schlagen Banken, *Neue Zürcher Zeitung am Sonntag*, 29 jan. 2017.

24 Veja: The list. 2017 ranking, *Forbes*, 2018.

refém de poderosos *lobbies*, que tentam, não sem sucesso, persuadir os cidadãos de que a economia não poderá funcionar eficazmente sem esse sistema injustificável que consente que os presidentes de certas empresas, em particular as financeiras, recebam remunerações astronômicas da ordem de dezenas de milhões de euros por ano. Essas quantias são ainda mais escandalosas se constatarmos que as maiores instituições financeiras são em parte financiadas pelos contribuintes, como precisaremos no próximo capítulo. Remunerações muito mais limitadas, de cerca de 1 milhão de euros por ano, nos pareceriam menos absurdas.[25]

Sendo ainda muito elevadas, elas corresponderiam ao leque das remunerações observadas depois da Segunda Guerra Mundial até os anos 1970, período durante o qual a economia mundial era mais estável e o desemprego, bem mais baixo.

Optar sucessivamente por aquele que faz a melhor oferta ou passar de um país ou de um continente ao outro sempre que se apresenta uma melhor oportunidade evidencia a irresponsabilidade desses dirigentes e corresponde mais ao comportamento de uma estrela do futebol, desconectada do contexto no qual ela evolui. Sanear a economia atual requer outro tipo de mentalidade.

O princípio enunciado por Ludwig von Mises – o liberalismo sempre "almejou a promoção e o bem-estar de todos, e não de grupos específicos" – é claramente desrespeitado.

Um nível de endividamento colossal

Continuemos com uma segunda citação de Von Mises: "Uma política antiliberal é uma política de consumo de capital. Recomenda que o presente seja muito bem provido, à custa do futuro".

---

25 Na Inglaterra, por exemplo, um estudo demonstrou que é vantajoso para os acionistas e a empresa que os presidentes sejam remunerados de forma sensata. Veja: Nick Balafas e Chris Florackis, CEO Compensation and Future Shareholder Returns: Evidence from London Stock Exchange, *Journal of Empirical Finance*, 2014.

O nível de endividamento de uma sociedade permite saber em que medida sua política privilegia o presente em detrimento do futuro. Tal como no seio de uma família, a existência de dívidas elevadas lesa as gerações futuras, que mais tarde ou mais cedo deverão pagar a fatura.

O endividamento total, ou seja, o dos particulares, empresas, do Estado e do setor financeiro atingia, em 2014, nos Estados Unidos e na Alemanha, respectivamente 269% e 258% do PIB de cada um desses países.[26] Nos outros países desenvolvidos os números são os mesmos, ou piores. Ele ultrapassava 280% na China no final de 2016. Em nível mundial, o endividamento era, em 2017, no mínimo 300% do PIB e continua crescendo mais rápido que este último. É difícil imaginar que dívidas de tal dimensão possam ser reembolsadas! Os próprios bancos *"too big to fail"* também estão particularmente endividados. Em numerosos países, não só na Grécia, mas também na Inglaterra e nos Estados Unidos, o imposto de renda serve cada vez menos para construir escolas, hospitais ou para pagar as aposentadorias de funcionários. Na realidade, é cada vez mais usado para reembolsar os juros da dívida pública! Situação que só poderá piorar caso as taxas de juros aumentem. Na Itália, por exemplo, em 2016, o valor dos juros sobre dívida pública era da ordem de 40 bilhões de euros por ano, à taxa média de cerca de 2%. Se a taxa dobrasse, o Estado italiano deveria pagar 80 bilhões de euros, comparáveis ao orçamento da saúde de 113 bilhões de euros. A situação seria insustentável. Em um país como a Nigéria, em 2017, o serviço da dívida já era trinta vezes superior ao orçamento do Ministério da Saúde.[27]

A adoção da doutrina neoliberal é em grande parte responsável por esse endividamento colossal. Basta citar Milton Friedman para se convencer disso: "Ao visar um mau objetivo, o déficit, em vez do objetivo correto, o total das despesas do Estado, os partidários de uma política fiscal conservadora foram cúmplices involuntários de políti-

---

26 Fonte: *MGI Country Debt Database*, McKinsey Global Institute Analysis.

27 Veja: Fabian Urech, Es ist fünf vor zwölf in Afrika, *NZZ*, 20 fev. 2018.

70 MARC CHESNEY

cas perdulárias".[28] Portanto, segundo esse economista, o objetivo principal não deveria consistir em diminuir os déficits, mas sim os impostos. A lógica neoliberal supõe que uma diminuição dos impostos incitará o Estado a gastar menos, a limitar suas intervenções, o que deveria ter como consequência a diminuição dos déficits. Mais de trinta anos de experiência desse tipo de política nos leva a constatar que as reduções de impostos concedidas às famílias mais abastadas e às grandes empresas não tiveram o efeito pretendido. Pelo contrário, os déficits explodiram.

No contexto da atual economia financeirizada, a dívida se transformou em um fator determinante de crescimento econômico, o que acaba provocando a fragilização deste último. Entre 2001 e 2005, o crescimento médio anual do valor total da dívida pública e privada foi substancial nos Estados Unidos e na Inglaterra: 6,5% e 8,3% respectivamente, o que teve como efeito estimular o crescimento econômico, que foi em média anual respectivamente de 2,4% e 3% nesses dois países.

Durante esse período, o crescimento foi bastante mais fraco em um país como a Alemanha – de 0,6% –, onde as dívidas tinham aumentado apenas 2,3%. A França situa-se em um nível intermediário, com um crescimento de 1,6% e um aumento anual do endividamento de 5,1%.

O estouro da crise financeira revelou o caráter superficial desse crescimento. A importância assumida pela dívida e as apostas de curto prazo que lhe estão associadas, e que substituem a poupança e os investimentos de longo prazo, são traços característicos do alcance crescente da economia-cassino e de seus perigos.

Essas características, e em particular os níveis de endividamento público ou privado, não são compatíveis com uma relação equi-

---

28 Milton Friedman, The limitations of tax limitation, *Policy Review*, p.11: "By concentrating on the wrong thing, the deficit, instead of the right thing, total government spending, fiscal conservatives have been the unwitting handmaidens of the big spenders".

librada e durável entre presente e futuro. De fato, e de modo incontestável, a política atual privilegia o presente em detrimento do futuro, ou seja, "recomenda que o presente seja muito bem provido, à custa do futuro".

Quanto ao intervencionismo do Estado, criticado por Friedrich Hayek, uma conclusão se impõe: ele está ocorrendo, não no sentido preconizado por esse autor, mas essencialmente resgatando instituições financeiras *"too big to fail"* ou *"too connected to fail"*. Essa política, que absorveu quantias consideráveis, é contrária à lógica do liberalismo, já que, de acordo com o liberalismo, todas essas instituições deveriam assumir suas decisões estratégicas e nenhuma deveria estar certa *a priori* de conseguir escapar de uma eventual falência. A política atual favorece as estratégias que visam atingir uma dimensão crítica, de modo a se beneficiar de uma proteção pública.

Finalmente, a mão invisível de Adam Smith se tornou, na esfera financeira, cada vez mais inoperante. Perseguir seus próprios interesses é cada vez menos compatível com a satisfação dos fins da sociedade. Emitir, por exemplo, produtos financeiros ditos estruturados – geralmente complexos e tóxicos – é nocivo para a economia e, portanto, para o bem comum.

Os grandes bancos ativos nessa área comportam-se como bombeiros piromaníacos. De fato, a difusão desses produtos, supostamente destinados a reduzir os riscos incorridos pelos clientes, pelo contrário, os gera em nível sistêmico. Tais apostas financeiras só podem ocorrer em detrimento do cliente. Não é possível contar com apostas que satisfaçam as duas partes, pois logicamente um vai ganhar e o outro, perder. Sabendo que os grandes bancos gastam altas quantias com a propaganda desses produtos, o leitor adivinhará facilmente quem geralmente lucra com eles.[29] Para ilustrar o problema, apresentaremos dois exemplos de produtos estruturados no capítulo seguinte.

---

29 Além do mais, as instituições muitas vezes cobram tais operações, o que lhes permite embolsar as comissões sobre esses produtos em detrimento de seus clientes, sem suportar os riscos.

Fica claro que o setor financeiro contradiz os princípios que se propõe a respeitar e promover. Por meio da análise de vários casos concretos, vamos agora examinar algumas das características mais gritantes da finança-cassino.

4
As características
da finança-cassino

O economista John Maynard Keynes declarou em 1936 que "quando, em um país, o desenvolvimento do capital se torna o subproduto da atividade de um cassino, arriscamos que isso se faça de forma defeituosa".[1] A situação atual é ainda mais delicada, visto que os verdadeiros protagonistas dessa finança – grandes bancos e fundos especulativos – não só jogam como em um cassino, mas jogam em geral com dinheiro que não é deles, e sim do contribuinte, do aposentado, do cliente... sem esquecer o dinheiro do acionista!

Como concluímos no capítulo precedente, diversas caraterísticas do setor financeiro contradizem os princípios de base do liberalismo e de uma economia de mercado. O modo de funcionamento do setor e os produtos financeiros que ele emite, muitas vezes problemáticos, são o tema deste capítulo.

A bolsa à velocidade da luz e o pôquer mentiroso

Atualmente, nos Estados Unidos, a duração média de detenção de uma ação por um investidor seria, segundo diversas fontes,

---

1 John Maynard Keynes, *Teoria geral do emprego, do juro e da moeda.*

da ordem de alguns minutos, enquanto em 1940 essa duração era de cerca de cinco anos. Esse lapso de tempo ridiculamente breve explica-se, principalmente, pela automatização das transações na bolsa que permite que bancos poderosos efetuem as transações financeiras em um instante, da ordem do milissegundo ou de alguns milionésimos de segundo, acionando computadores superpotentes. Ora, a função principal da bolsa é permitir a otimização da alocação dos capitais e dos riscos: visivelmente essa função não está sendo respeitada.

A missão da bolsa consiste em proporcionar financiamento às empresas. Mas isso acontece cada vez menos. Na França, por exemplo, em 2011, as empresas se financiavam na bolsa em até 5,4% apenas do valor de que necessitavam – o que é bem pouco! Em 2001, essa percentagem ainda era de 27%. Na Bélgica, para as empresas não financeiras, essa percentagem é também reduzida. Ao longo do período 1995-2005, a bolsa não contribuiu com mais de 5% do conjunto das fontes de financiamento das empresas.[2] Para alcançar esse resultado, seria suficiente[3] que a bolsa funcionasse apenas uma hora por semana!

Segundo Thomas Peterffy, fundador da empresa Interactive Brokers, "a bolsa transformou-se em um cassino gigante. Salvo que o funcionamento de um cassino é mais transparente e mais fácil de entender".[4]

O desenvolvimento das transações de alta frequência acentua ainda mais essa tendência. Cerca de 50% das transações na bolsa

---

2 Fonte: www.dealogic.com para a França ; V. Baugnet e G. Wuyts, Le rôle des actions dans le financement des sociétés en Belgique, *Revue Économique*, Banque Nationale de Belgique, set. 2006.

3 Veja o artigo de Marc Chesney, Denis Dupré e Olivier Taramasco: Arrêtons la cotation en temps continu sur les marchés, *Le Monde*, 26 nov. 2012.

4 Observação proferida por ocasião da abertura do encontro anual dos operadores de mercado, o World Federation of Exchange (WFE) em Paris, dia 11 de outubro de 2010, e reproduzido num artigo de Claire Gatinois no *Le Monde* desse mesmo dia: La Bourse est devenue un cassino géant, selon les professionnels de la finance.

nos Estados Unidos e na Europa seriam realizadas a intervalos cada vez mais próximos da velocidade da luz. Poderosos recursos informáticos permitem aos bancos que têm capacidade para se equipar à altura, e às empresas de *trading* de alta frequência, anular em microssegundos, como acontece continuamente, as ordens que acabam de passar a uma velocidade semelhante. O objetivo é induzir em erro os concorrentes que também automatizaram as transações financeiras. A transmissão de falsas informações, ao contrário de anulá-las e de tentar se beneficiar com essa operação, pode revelar-se lucrativa para uma instituição financeira. Porém, tais práticas são mais próprias do pôquer que de um investimento responsável. Os investidores clássicos, que não têm meios para utilizar computadores superpotentes na execução das ordens, saem perdendo. Competindo com atores bem mais rápidos que eles, não podem deixar de perder na maior parte das vezes. Pagam uma espécie de imposto oculto em favor das sociedades de *trading* de alta frequência, em situação de lhes impor um preço de compra das ações superior àquele a que eles calculavam poder comprá-las.[5] As empresas que lucram com a diferença entre os dois preços são um dos componentes da plutocracia financeira; recolhem por esse meio um direito de passagem, não sobre as estradas ou as pontes, como na Idade Média, mas sobre os mercados financeiros. Os especialistas em finanças e informática que essas empresas recrutam comportam-se como mercenários da guerra financeira. São obrigados a ser os melhores nessa corrida insana contra o tempo que, em última instância, não leva a lugar algum. Querem ser sempre os mais rápidos, sem se perguntar aonde vão. As sociedades de *trading* de alta frequência ou os grandes bancos os disputam a preço de ouro. Qual é precisamente o valor desses "mercenários" aos olhos de seus empregadores?

O paralelo com a Primeira Guerra Mundial revela-se útil aqui. O historiador Niall Ferguson[6] se interessou pela questão do valor de um soldado, considerado como o custo que representa sua eli-

---

5 Veja sobre esse tema: Michael Lewis, *Flash Boys: A Wall Street Revolt.*
6 Niall Ferguson, *The Pity of War.*

minação por parte do exército inimigo. E concluiu que as potências centrais eram mais eficazes no combate que os aliados. Custava a essas potências, em média, 11 345 dólares para matar um soldado aliado, enquanto os aliados precisavam de 36 485 dólares para eliminar um soldado alemão. Em consequência, este tinha cerca de três vezes mais "valor" que um soldado inglês ou francês. Hoje, do mesmo modo, o valor de um "mercenário" da guerra financeira que trabalhe para uma empresa de *trading* de alta frequência seria o custo considerável que uma empresa concorrente teria de encarar para poder "batê-lo", nem que fosse de um microssegundo, ou seja, para poder tratar as ordens financeiras um microssegundo antes dele. Por isso, esses "mercenários" têm grande valor aos olhos de seus empregadores. Para a economia em geral, representam um custo entre outros em função do imposto oculto que eles instauraram e do incremento ao caráter errático das cotações nas bolsas.

Nesse ponto, é conveniente mencionar que, em 2015, 300 milhões de dólares foram investidos pela Sociedade Hibernia para permitir que as transações eletrônicas ganhassem alguns milissegundos entre os dois centros financeiros mais importantes do mundo: Wall Street, em Nova York, e a City, em Londres. Esse valor teria sido muito mais bem empregado, por exemplo, no combate à desnutrição infantil em nível mundial. Isso evidencia as prioridades desse mundo à deriva.

Para as bolsas é particularmente proveitoso permitir aos seus clientes particulares, as sociedades de transação de alta frequência, que recorram a essas tecnologias, onerando assim os investidores clássicos. De fato, o volume das comissões pagas às bolsas depende do número de transações e, em consequência, os lucros realizados se multiplicam quando as transações se processam em alta frequência. Por fim, o microssegundo não pode ser comparado com a unidade temporal dos investimentos de empresas, que requerem semanas, meses ou mesmo anos. O instante remete às apostas eletrônicas de uma finança-cassino na qual a noção de investimento tende a se apagar diante da lógica das apostas de pôquer e do lucro imediato.

As transações de balcão

A maioria das transações financeiras não se realiza nas bolsas, e sim no mercado de balcão.[7] Trata-se de contratos entre dois atores financeiros, cujas modalidades são conhecidas apenas pelos envolvidos. A opacidade resultante, combinada com a complexidade do sistema financeiro, aumenta os riscos de transmissão de crises ou de choques financeiros.[8] Essa situação permite aos bancos sistêmicos, implicados em grande escala nas transações de balcão, manter seus estatutos e privilégios e, em particular, continuar a desfrutar de uma renda garantida. Quanto mais são suscetíveis de arrastar os outros na queda, mais se acentua seu caráter sistêmico, o que lhe permite se beneficiar de uma garantia pública financiada pelo contribuinte. E é assim que a sociedade se torna refém.

Além disso, para ser operacional, a mão invisível de Adam Smith requer obrigatoriamente uma economia de mercado no qual oferta e demanda agregadas se cruzem, de modo a fixar preços e volumes de equilíbrio de forma transparente. Ora, dada sua opacidade, as transações de balcão são incompatíveis com o funcionamento correto da tal economia.

Quanto aos produtos derivados frequentemente negociados no mercado de balcão, o problema é mais profundo. Seus preços resultam sobretudo de fórmulas ou algoritmos complexos e, em consequência, têm apenas uma relação longínqua com a oferta e a demanda.[9] Com o desenvolvimento das transações de produtos derivados no mercado de balcão, o risco é sempre menos previsível,

---

7 Essas transações (em inglês OTC de "Over the counter" [sobre o balcão]) não se realizam em bolsa ou nos outros mercados financeiros organizados, sendo negociadas diretamente entre o comprador e o vendedor.

8 Os mercados organizados dispõem de câmaras de compensação que deveriam limitar a transmissão dos choques financeiros, exercendo assim o papel de amortecedor.

9 A determinação dos preços dos produtos derivados baseia-se na hipótese irrealista de ausência de oportunidade de arbitragem. Ora, o modo de funcionamento cotidiano dos fundos especulativos e dos grandes bancos consiste precisamente em se beneficiar das arbitragens ou em criá-las.

menos mensurável. Torna-se opaco e difuso, o que não pode deixar de ter consequências sobre a economia e a sociedade.

As divisas também são essencialmente negociadas no mercado de balcão. Trata-se do mercado financeiro mais importante do mundo, com volumes diários médios da ordem de cerca de 5 trilhões de dólares.

Somos assim confrontados com o paradoxo de uma economia que exalta o empreendedorismo – e o risco que lhe é associado – e que paralelamente nunca emitiu tantos produtos derivados conhecidos como "produtos de cobertura". Esses produtos são difundidos com tal amplitude que geram um risco sistêmico para a economia.

As apostas da finança-cassino

Os produtos derivados têm, na realidade, como função principal permitir apostas em grande escala no âmbito dessa finança-cassino. Os exemplos são muito numerosos. Apresentaremos dois.

O primeiro exemplo consiste em Credit Default Swaps (CDS). É um produto derivado que permite ao seu detentor se precaver contra o risco de falta de pagamento de uma entidade de referência. Na prática significa que um banco, tendo emprestado certa quantia a uma empresa e receando que o reembolso da dívida não se efetue, pode cobrir-se contra essa eventualidade comprando CDS. Em caso de falta de pagamento da empresa, o banco os ativa, ou seja, contata a instituição financeira onde os adquiriu para que esta o indenize de seus prejuízos.

Aparentemente, os CDS seriam contratos de seguro úteis. Contudo, nos formulários explicativos que acompanham esses produtos aparece com frequência uma nota técnica indicando que não é necessário estar exposto ao risco pela entidade de referência para comprar contratos de CDS. Na prática isso significa que um banco pode comprar CDS relativos a uma empresa[10] mesmo que não lhe

---

10 Se os CDS se referem a um país, a legislação europeia supostamente proíbe esse tipo de prática. Na realidade, a regulação é bem relativa, pois os atores

tenha emprestado dinheiro. Mas por que teria necessidade de se cobrir contra um risco ao qual não está exposto? A resposta é simples. Nesse caso já não se trata de um seguro, mas de uma aposta sobre o incumprimento ou a falência da empresa em questão. Na vida corrente isso é proibido. Ninguém pode comprar um seguro de automóvel sem possuir um carro. Aliás, isso seria completamente destituído de sentido. Ninguém está autorizado a comprar um ou dez, até cem seguros do carro de seu vizinho, esperando que ele sofra um acidente ou com a intenção de sabotar seu carro! Isso seria não só imoral, mas completamente insano do ponto de vista econômico, e é por isso que essas práticas são proibidas no caso dos carros. No entanto, elas são autorizadas na esfera financeira, por meio dos CDS.

Grandes estabelecimentos financeiros, entre eles o Goldman Sachs, compraram CDS da sociedade de seguros AIG, possibilitando apostas em larga escala sobre o incumprimento do banco Lehman Brothers. A falência deste último, em setembro de 2008, lhes permitiu realizar enormes lucros à custa do contribuinte americano, que resgatou a AIG, praticamente em cessação de pagamento. Um outro exemplo é a sociedade Thomas Cook, cuja falência, em setembro de 2019, permitiu a fundos especulativos, como Sona Asset Management e XAIA Investment GmbH, cobrar cerca de 250 milhões de dólares. Suas compras de CDS, ou seja, apostas sobre o incumprimento de Thomas Cook, se mostraram particularmente rentáveis! Alguns desses fundos até ameaçaram bloquear todo um plano de resgate de Thomas Cook! Os 21 mil empregados em questão correm o risco de ficar desempregados.

O segundo exemplo diz respeito aos contratos de seguro de vida que se transformam em apostas sobre a morte.[11] O mito conta que

---

mais importantes, em particular os grandes bancos, são isentos dela! Isso significa que a grande maioria das transações não é abrangida.

11 Veja Marc Chesney, Christine Hirszowicz, Brigitte Maranghino-Singer, Les contrats d'assurance vie qui se transforment en paris sur la mort, *Der Schweizer Treuhänder*, v.10, 2010.

80 MARC CHESNEY

dr. Fausto, ao vender sua alma ao diabo, teve acesso à juventude eterna. O que devemos pensar daqueles que procuram enriquecer apostando na morte de seus congêneres? A quem será que venderam a alma? Não se trata de perguntas puramente teóricas, visto que hoje é possível, graças a um novo avatar da inovação financeira, investir em contratos de seguro de vida dos quais seus detentores desejam livrar-se.

De fato, nos Estados Unidos, os assegurados podem revender seu próprio contrato, intitulado "Life Insurance", ou à companhia de seguros onde contrataram o seguro inicialmente ou a um banco. Nesse último caso, as pessoas de certa idade são as mais particularmente suscetíveis de se mostrar interessadas na revenda do seguro de vida. Com os filhos adultos, um seguro desse tipo já não é verdadeiramente necessário, e elas preferem receber uma quantia que lhes seja útil para outros fins. Por vezes, em situação de desespero financeiro, tal venda pode também ajudá-las a reembolsar dívidas ou a providenciar cuidados médicos decentes.

Quais são as instituições financeiras ativas nessa área? Trata-se de alguns grandes bancos que compram os contratos, agrupam-nos, diversificam e securitizam.[12] Em seguida, eles os propõem aos investidores. Diversificar os riscos significa, por exemplo, associar seguros de vida de indivíduos cancerosos com os de pessoas com AIDS. Como o leitor terá compreendido, o risco em questão é aquele de uma morte tardia. De fato, se os segurados tivessem a indecência de prolongar sua existência para lá do razoável, os investidores demorariam a receber o montante previsto no contrato.

O reembolso que o banco vai oferecer é em função dos seguintes fatores: a idade do assegurado, seu estado de saúde e sua situação econômica, ou seja, quanto mais velho for o indivíduo, de saúde precária e situação econômica delicada, tanto mais constituirá um alvo interessante para o banco. A variável mais importante nesse

---

12 Securitização: processo de transformação de contratos financeiros pouco líquidos em títulos negociáveis nos mercados.

cálculo é em consequência do fator mortalidade: quanto mais cedo intervier a morte, mais o investidor lucrará com o negócio.

Os dois exemplos evidenciam os perigos representados pelas apostas da finança-cassino. Produtos financeiros como os Credit Default Swaps, que permitem apostar sobre a vida de seres humanos fragilizados ou sobre a falência de empresas e de países, são tóxicos, tanto do ponto de vista humano como econômico.

Os produtos estruturados enganadores

Os produtos estruturados[13] são outra aposta da finança-cassino. Sua comercialização é particularmente lucrativa para os grandes bancos. Os clientes que optaram pela aquisição desse tipo de produtos não deixam de ser confrontados com problemas.[14] Os dois exemplos seguintes são a ilustração disso.

BRC (Barrier Reverse Convertible)

Esse produto é associado a um cupom de valor elevado, de 8% por exemplo, isto é, 8 mil francos suíços para um capital inicial de 100 mil francos. O lucro ou a perda de capital dependem da cotação de certas ações, em geral três. Se nenhuma das ações descer abaixo de certo nível no período de um ano, o detentor desse produto recupera seus 100 mil francos além dos 8 mil francos. Se uma das cotações cair abaixo desse limite, o detentor receberá os 8 mil francos, mas apenas uma fração do capital investido, por exemplo, 90 mil ou 80 mil francos. Portanto, trata-se de um produto complexo, arriscado, visto que é bastante provável que pelo menos uma das três cotações perca valor, enquanto o detentor desse produto não

---

13 Os produtos estruturados resultam em geral da conjunção de vários produtos derivados. Eles são naturalmente complexos e dificilmente compreensíveis para o cliente do banco.

14 Pelo menos 10% da fortuna mundial seria investida nesse tipo de produto.

82   MARC CHESNEY

se beneficiará de uma eventual subida dessas cotações. Só o nível elevado do cupom o indeniza parcialmente.

Esse produto lembra os *junke bonds*, ou "obrigações podres" dos anos 1970, com uma diferença de peso: a nota. De fato, contrariamente a estas últimas, as agências de avaliação de risco atribuem uma boa nota ao produto, em geral A+ ou AA, o que pode induzir o cliente ao erro. Em outubro de 2013, alguns clientes do banco suíço Raiffeisen perderam grandes quantias devido a um produto financeiro semelhante a um BRC. Os custos foram causados pela queda brusca de uma das ações (Zurich Insurance Group) que fazia parte desse cesto. A queda ocorreu no fim do expediente do último dia do período em questão, e o valor da ação caiu precisamente abaixo do nível-limite. Os clientes que adquirem esses produtos estruturados expõem-se, assim, ao risco de manipulação inerente a esse tipo de produto.

Doublo, um produto proposto pelas caixas de poupança na França

Trata-se dessa vez de um cesto de uma dúzia de ações. Se, no espaço de seis anos, nenhuma das doze cotações cair – o que é pouco realista –, o capital dobra. Em contrapartida, basta que uma delas caia abaixo de certo nível durante esse período, o que é bastante provável, para que no vencimento do contrato o cliente recupere apenas seu investimento inicial. O capital parece, portanto, seguro. É por essa razão que o produto é chamado "de capital garantido" e é pouco regulado.

Na realidade, os 267 mil clientes que compraram o produto foram lesados.[15] Nenhum deles viu seu capital dobrar de valor e, levando em conta as despesas de gestão impostas pelo banco no período de seis anos, os clientes registraram um prejuízo compreendido entre 2% e 6% de seu investimento: quer dizer que só receberam 94 mil ou 98 mil euros para um investimento inicial de 100 mil

---

15 Veja o link do Coletivo de Luta contra os Abusos Bancários (CLAB): http:// doublo.monde.free.fr.

euros. Desse modo, o que o cliente teve garantido foi o prejuízo. A despeito disso, as caixas de poupança que venderam o produto em um formato de seguro de vida, em seis vezes entre 2001 e 2002, conseguiram captar um investimento de cerca de 2,1 bilhões de euros. Os franceses que o compraram pagaram a conta.

Esses dois exemplos mostram como o cliente pode ser induzido ao erro. Se ele tem uma compreensão superficial do conceito de diversificação, o cliente é suscetível de pensar que, quanto mais elevado é o número de ações, mais o produto está diversificado e, portanto, seguro. Ora, é precisamente o contrário que acontece pois, nesse caso, é mais provável que a cotação de uma delas caia. A que tiver a pior dinâmica de preços tem um impacto determinante sobre o perfil de lucros e perdas desse produto financeiro.

Os produtos estruturados, cujo montante em circulação em 2016 atingia, em nível europeu, aproximadamente 600 bilhões de euros[16] e, em nível suíço, 275 bilhões de francos,[17] representam um verdadeiro perigo para os particulares, as caixas de aposentadoria, os municípios... paradoxalmente, os governos ignoram esse risco.

O setor bancário que não desempenha mais seu papel

O setor bancário não exerce verdadeiramente suas funções de motor da economia. Na França, na Alemanha e na Inglaterra, em 2012, os créditos às empresas não financeiras correspondiam apenas a uma diminuta percentagem do balanço dos bancos, respectivamente 12%, 18% e 5%.[18]

Muitas empresas se deparam com as maiores dificuldades para financiar seus investimentos através desse setor, e isso apesar de

---

16 Fonte: *ESMA Report on Trends, Risks and Vulnerabilities* No. 2, 2017. A Europa é particularmente ativa nesse domínio.

17 Fonte: SSPA Media, 30 jan. 2018.

18 Erki Liikanen et al., *High-level Expert Group on reforming the structure of the EU banking sector.*

uma política de juros muito baixos e aquisições de ativos dos bancos comerciais por parte do Banco Central Europeu (BCE), com o objetivo de que a liquidez injetada relance os empréstimos às empresas e, em consequência, à máquina econômica. Por exemplo, desde o fim de 2014, que marcou o começo da política de flexibilização quantitativa iniciada pela BCE, até o início de 2017, o volume de créditos concedidos pelos bancos às empresas aumentou apenas 0,27% na Zona Euro, um número ridiculamente baixo.[19]

Além disso, a modéstia dos juros fica patente nos dados seguintes. Desde março de 2016, a taxa de juros diretora[20] passou a ser nula. No que tange à taxa sobre os depósitos, que se reporta às aplicações efetuadas pelos bancos comerciais em suas contas no BCE, ela baixou a um nível negativo de -0,5%. Atualmente, a menos que imponha uma taxa diretora negativa, a margem de manobra do Banco Central Europeu é muito reduzida. Para as empresas, as dificuldades de financiamento são inquietantes, na medida em que limitam a criação de novas atividades econômicas ou o desenvolvimento de novas tecnologias, e impedem uma verdadeira redução do desemprego de massa.

O setor bancário é dominado por essas instituições consideradas *"too big to fail"*. Em certos casos, o total de seus resultados ultrapassa os 100% do PIB do país onde são sediadas, o que é totalmente desproporcional. Esses bancos estão hipertrofiados. Uma eventual falência de um deles faria que os países em questão corressem riscos consideráveis. Efetivamente, quando isso ocorre, o Estado seria obrigado a resgatar essas instituições.

Em 2017, o total dos resultados da UBS e do Credit Suisse correspondiam a respectivamente 119% e 137% do PIB suíço.[21] No

---

19 Fonte: Chiara Perillo e Stefano Battiston, *Real implications of quantitative easing in the euro area: a complex-network perspective*.

20 A taxa de juros de refinanciamento é a principal taxa diretora de um banco central. Corresponde às taxas de juros dos empréstimos levantados pelos bancos comerciais com ele.

21 Fontes: UBS: *Relatório anual, 2017*, Zurique, p.5 e Credit Suisse Group AG: *Relatório anual*, Zurique Key metrics.

caso do HSBC, os resultados eram comparáveis ao PIB inglês. Os resultados somados dos quatro maiores bancos franceses, o BNP Paribas, a Société Générale, o grupo BPCE e o Crédit Agricole, representavam 281% do PIB nacional. No caso da Islândia, os resultados dos três maiores chegavam a catorze vezes o PIB nacional, isso pouco antes de sua falência em 2008!

Esses grandes bancos têm ainda dimensões mais avantajadas quando se leva em conta todas as suas atividades, e não apenas as que integram o balanço. O conjunto das atividades fora do balanço[22] é gigantesco. No caso dos grandes bancos internacionais, ele representa várias dezenas de vezes o valor dos resultados do balanço. Entretanto, é difícil apurar os valores com precisão, já que muitas vezes os bancos os apresentam de forma particularmente opaca e complexa. No entanto, pode-se chegar a uma estimativa considerando o volume dos produtos derivados ainda em execução, que não aparecem em geral no balanço. Em 2017, o valor nominal dos produtos derivados negociados pelo Credit Suisse, quer dizer, o volume da atividade do banco com esse tipo de produtos financeiros, era de 28,8 trilhões de francos, e correspondia assim a 36 vezes o total de seu balanço e a 687 vezes o total dos capitais próprios do banco de 41,9 bilhões de francos. Mania de grandeza! A quantia era também 43 vezes maior que o PIB suíço, ou seja, 668,2 bilhões de francos em 2017, e correspondia a 37,3% do PIB mundial.[23]

As atividades de "cobertura", justificáveis economicamente, não representavam mais que cerca de 0,2% dessa quantia astronômica! O restante contribui para o desenvolvimento da finança-cassino.[24]

---

22 Esses interesses – fora do balanço – correspondem em princípio àqueles que, em execução, ainda não geraram o conjunto dos fluxos financeiros correspondentes. Trata-se em particular da maioria das atividades sobre os produtos derivados. A definição precisa desses interesses depende do quadro jurídico e regulamentar aplicável.

23 Veja: Credit Suisse Group AG: *Relatório anual 2017*, Zurique, p.325.

24 No caso do Lehman Brothers, pouco tempo antes de sua falência em setembro de 2008, esse montante representava cerca de 50 vezes o balanço e 1500 vezes o capital próprio! Veja: Michael J. Fleming e Asani Sarkar, *The Failure Resolution of Lehman Brothers*, p.142; o Relatório Anual de 2007 da Lehman

O volume de atividade da UBS com os produtos derivados era, em 2017, de 18,5 trilhões de francos, a saber, vinte vezes o total de seu balanço, 361 vezes seu capital próprio, de 51,2 bilhões de francos, cerca de 28 vezes o PIB suíço e 24% do PIB mundial.[25]

Quem ainda pode considerar que a situação está sob controle?

Além disso, o fato de se impor ao contribuinte o resgate dos grandes bancos em situação delicada só pode acentuar o problema. Essas instituições são, de fato, incitadas a aumentar os riscos de seus compromissos – visto que seus dirigentes pensam que elas não terão de assumi-los –, o que se traduz por um aumento das atividades fora do balanço.

Além disso, em função da garantia pública implícita, ou mesmo explícita, que lhes é concedida, as instituições consideradas *"too big to fail"* se financiam a taxas inferiores às do mercado. Vistas como não expostas ao risco de falência, elas parecem mais atraentes aos olhos dos investidores e se beneficiam, desse modo, de subvenções que atingem bilhões de euros. No período 2011-2012, essas últimas representavam, segundo o FMI,[26] cerca de 50 bilhões de dólares nos Estados Unidos, tal como na Suíça, ou seja, em média 25 bilhões de dólares por ano. No que se refere a este último país, deve-se comparar essa quantia, por um lado, com a contribuição do setor financeiro para o Produto Interno Bruto, avaliada em 36 bilhões de francos para o ano 2013,[27] e, por outro, com as ajudas mais reduzidas, da ordem dos 7 bilhões de francos por ano, atribuídas à agricultura durante o mesmo período. No Japão e na Inglaterra, a renda de que se beneficiam os grandes bancos seria de cerca de 110 bilhões de dólares, e na União Europeia atingiria os 300 bilhões de dólares.

Brothers; e meu artigo: La faillite de Lehman Brothers et celle d'un système, *Le Temps*, 11 set. 2018.

25 Veja: UBS: *Relatório Anual de 2017*, Zurique, p.363.

26 *Global Financial Stability Report, Moving from Liquidity to Growth-Driven Markets*, p.114.

27 Essa criação de valor do setor financeiro diminuiu para atingir 33 bilhões de francos em 2015. Veja: Birgit Voigt, Pharmafirmen schlagen Banken, *Neue Zürcher Zeitung am Sonntag*, 29 jan. 2017.

Os grandes bancos, além desse estatuto *"too big to fail"*, dispõem de pelo menos duas vantagens suplementares. Em primeiro lugar, têm a possibilidade de colocar fora do balanço as montagens altamente especulativas (processo já descrito) e podem ainda criar um *"bad-bank"*[28] se os riscos se materializarem. Que outro setor de atividade se beneficia de tantas vantagens? Nem o artesanato, nem a agricultura, nem a indústria! Será que é imaginável um padeiro, o dono de um restaurante, uma empresa de relojoaria ou informática, camuflar fora de seu balanço atividades potencialmente perigosas ou duvidosas e ainda criar uma "bad-padaria", ou um "bad-restaurante", uma "bad-empresa" relojoeira ou informática, para evitar, à custa do contribuinte, uma eventual insolvência? Nem em sonho! E quantos grandes bancos não estariam já falidos sem esses múltiplos privilégios? Na Itália, a situação do setor bancário é particularmente crítica, visto que, em 2016, o setor sucumbia sob cerca de 200 bilhões de euros de créditos duvidosos.

A possibilidade de deduzir as penalidades dos impostos, mesmo que parcialmente, é um presente suplementar oferecido aos grandes bancos.[29] Foi, por exemplo, o caso do Credit Suisse quando recebeu uma multa de 2,8 bilhões de francos imputada por um tribunal americano em 2014.

O BSI (Banca della Svizzera Italiana), que beneficiou milhares de riquíssimos clientes americanos com a evasão fiscal graças à utilização de paraísos fiscais e de montagens financeiras de todos os tipos, se ativou para deduzir de seus impostos uma parte dos 211 milhões de dólares da multa que teve de pagar nos Estados Unidos

---

28 "Bad Bank": trata-se de um "banco-lixeira", pudicamente chamado de "instituição de acantonamento", cuja tarefa consiste em cuidar – e depois liquidar – dos ativos duvidosos do banco. Se este for, infelizmente, *too big to fail*, o contribuinte se encarregará, na maioria das vezes, da evacuação do lixo, pois, em última instância, é ele quem vai resgatá-lo.

29 O tribunal superior suíço decidiu, em outubro de 2016, que esse privilégio deveria desaparecer. Veja: Unternehmen können Bussen steuerlich nicht absetzen, *Neue Zürcher Zeitung*, 12 out. 2016. Porém, seriam autorizadas exceções...

em 2015.[30] Nada disso evitou seu desaparecimento, em decorrência de graves fraudes. De fato, a FINMA (Autoridade Federal de Vigilância dos Mercados Financeiros) retirou-lhe a licença bancária em 2016, justamente no momento em que ela estava sendo absorvida pelo banco EFG.

Uma dedução fiscal de 1,7 bilhão de euros teria sido já outorgada à Société Générale, em 2008, em decorrência do caso Kerviel, mencionado no primeiro capítulo.

Tais deduções constituem privilégios injustificáveis. Aos automobilistas não se permite proceder a deduções de suas multas!

Esses privilégios só podem concorrer para aumentar o poderio do setor financeiro sobre a economia. Um estudo do ETH, Instituto Federal de Tecnologia em Zurique, mostra que, em 2007, 147 empresas controlavam cerca de 40% da economia mundial. Algo como 98% das cinquenta primeiras empresas pertencem ao setor financeiro. A maioria delas, *"too big to fail"*, se beneficiou de um apoio financeiro estatal.[31]

O engodo dos testes de estresse

Supõe-se que os testes de estresse verificam a solidez do setor bancário. Repousam geralmente sobre dois tipos de cenário: um básico e um crítico. Ora, os testes suscitam problemas, visto que antes da crise não emitiram nenhum aviso pertinente. Um exemplo emblemático é o da Islândia, onde testes desse tipo foram aplicados em agosto de 2008 aos quatro principais bancos do país. As conclusões foram muito positivas. Como observou Jonas Jonsson, diretor-geral da Financial Supervisory Authority da Islândia, "os resultados dos testes de estresse indicam que os *ratios* financeiros dos bancos são sólidos e que estes podem resistir a choques financeiros considerá-

---

30 Veja o artigo do *Neue Zürcher Zeitung am Sonntag* de 5 abr. 2015: Bank BSI muss Busse von 211 Millionen innert sieben Tagen an die USA bezahlen.

31 Veja: Stefania Vitali, James B. Glattfelder, Stefano Battiston, *The Network of Global Corporate Control*.

A CRISE PERMANENTE **89**

veis". Na realidade, depois de manipulações das cotações em bolsa e fraudes de todos os tipos,[32] a falência dos três mais importantes bancos foi decretada dias 6, 7 e 9 de outubro de 2008, e eles acabaram sendo nacionalizados. O mesmo ocorreu na Irlanda, onde os três estabelecimentos mais importantes (Allied Irish Bank, Anglo Irish Bank e National Irish Bank) foram submetidos aos testes de resistência, nos quais foram aprovados. Os resultados divulgados em julho de 2010 tranquilizavam os mercados e deixavam entrever uma situação financeira saudável. Mas a realidade era outra. Em novembro do mesmo ano, os três bancos assistiram a uma fuga dos depositantes e acabaram, sobretudo o Allied Irish Bank, em uma situação crítica de virtual falência. A aplicação de um plano de resgate, elaborado em conjunto pela União Europeia, o Banco Central Europeu e o FMI, evitou que a bancarrota se concretizasse.

Entre abril e maio de 2009, foram efetuados testes de estresse nos Estados Unidos. Mas foram também enviesados, visto que elaboraram as hipóteses iniciais de modo que, no cenário dito desfavorável, os resultados não fossem catastróficos. Caso contrário, ou seja, se os resultados indicassem que o sistema corria o risco de desmoronar, o efeito poderia ter sido devastador, acelerando a evolução dos acontecimentos e provocando o colapso do sistema ainda mais rapidamente. As hipóteses dos modelos utilizados para os testes de estresse são, portanto, definidas para pôr em evidência eventuais falhas do sistema, mas deixar entrever soluções para esses

---

32 Veja: Iceland to sentence ninth banker found guilty of market manipulation that helped caused 2008 crash, *Independent*, 7 out. 2016, e ainda: Jared Bibler, How big was the fall of the banks in an international context? *Morgunblaðið*, 11 mar. 2010 e, enfim: When Kaupthing tried to move its CDS (in 2008) with a little help from a friend, no link: http://uti.is/2015/12/when-kaupthing-tried-to-move-its-cds-in-2008-with-a-little-help-from-a-friend/ postado por Sigrún Davídsdóttir, dia 8 dez. 2015. Segundo essas fontes, o banco Kaupthing teria, por um lado, manipulado suas cotações na bolsa comprando as próprias ações em grande escala e de modo fraudulento. Por outro, teria também tentado manipular o preço de seus CDS (definidos anteriormente neste capítulo) combinando com o Deutsche Bank que este lançasse um volume muito importante de CDS, de modo que os preços caíssem.

90 MARC CHESNEY

problemas. Essas hipóteses contribuem, portanto, para forjar a realidade. Se as conclusões confirmarem a esperança de retomada, esta será estimulada, ainda que seja a curto prazo; se a negarem, os desequilíbrios poderão se agravar.

De acordo com um documento proveniente do Board of Governors of the Federal Reserve System,[33] o cenário desfavorável deve "refletir as condições graves, mas também plausíveis". O que significa que, segundo essa instituição, corresponsável pela elaboração dos testes de estresse, um cenário catastrófico não é plausível! Como é possível efetuar seriamente testes de resistência do sistema financeiro se for excluída a possibilidade de choques graves?

No que diz respeito aos dezenove bancos avaliados, os produtos financeiros tóxicos foram artificialmente sobrevalorizados e os ativos duvidosos foram transferidos para estruturas fora do balanço a fim de chegar a conclusões tranquilizadoras.

Os resultados dos testes, altamente políticos, corresponderam perfeitamente às hipóteses iniciais, alinhados com as mensagens que a administração desejava passar visando restaurar a confiança nos mercados. Segundo Timothy Geithner, então secretário do Tesouro, nenhum dos dezenove maiores bancos americanos apresentava risco de insolvência. Para Ben Bernanke, presidente da Reserva Federal durante o período de realização dos testes, os resultados deviam reconfortar os investidores e os cidadãos americanos. A mensagem implícita era que, caso esses estabelecimentos tivessem problemas financeiros, o Estado, ou melhor, o contribuinte os resgataria.

Testes de estresse semelhantes realizaram-se em 2010 na Europa. Os resultados foram divulgados em julho desse ano. De acordo com o Banque de France e a Autoridade de controle prudencial,[34] "o cenário adverso, já extremamente pessimista, foi agravado com

---

33 Veja o relatório intitulado: *The Supervisory Capital Assessment Program: Design and Implementation*, 24 abr. 2009, p.5.

34 Comunicado à imprensa da Banque de France e da Autoridade de controle prudencial datado de 23 jul. 2010. *Resultados do teste de resistência europeu: Os bancos franceses entre os mais sólidos da Europa.*

a hipótese muito dura de um choque sobre as exposições soberanas presentes na carteira de negociação dos bancos e sobre os créditos ao setor privado registrados na carteira bancária".

Ora, pouco tempo depois da publicação dos resultados, o cenário "adverso, extremamente pessimista" e mesmo "agravado" já estava aquém da realidade em um certo número de países europeus, isso precisamente porque excluía a possibilidade de incumprimentos soberanos. Ou seja, esse cenário se recusava a admitir que a inclusão dos prejuízos dos bancos nas contas públicas pudesse levar alguns Estados à insolvência.

Podemos, retrospectivamente, nos interrogar sobre os motivos que levaram a considerar que, mesmo no pior dos cenários, a situação financeira de países como Grécia, Portugal, Itália, Irlanda ou Espanha estava sob controle.

Com tais hipóteses, não é surpreendente que as conclusões tenham sido tranquilizadoras.

Em 2011, novos testes foram realizados na Europa. As hipóteses definidas eram essencialmente as mesmas de 2010 e excluíram em particular que um país europeu, por acaso a Grécia, pudesse entrar em incumprimento. Em agosto de 2011, pouco depois de anunciados resultados positivos no que respeita a saúde financeira dos bancos, novas turbulências vieram abalar a Europa, e as cotações dos bancos supostamente sólidos… desabaram! As ações da Société Générale perderam 27% durante as duas primeiras semanas do mês. Entre o dia 1º de julho e 12 de setembro de 2011, os três mais importantes bancos franceses, BNP Paribas, Crédit Agricole e Société Générale, perderam mais de 50% de sua capitalização na bolsa.

O mesmo aconteceu em outubro de 2014, quando o Banco Central Europeu apresentou os resultados dos testes de resistência mais recentes na Europa. Tratava-se de analisar a situação de 130 bancos à data de 31 de dezembro de 2013. Segundo os resultados, 25 bancos não teriam sido aprovados nos testes. Mas entre o final de dezembro de 2013 e o final de outubro de 2014, 12 desses 25 teriam melhorado sua situação financeira por meio de recapitalizações. Aparentemente, só 13 bancos permaneciam em situação de fragilidade e precisavam, por consequência, aumentar seus fundos próprios.

Desse modo, 90% das instituições finalmente passaram com sucesso os testes! Treze bancos, ou seja, 10% não foram aprovados. Essa percentagem é politicamente correta. Se fossem 2% ou 3% de fracasso, fariam suspeitar que o processo fosse laxista demais. Inversamente, 20% de fracasso seriam considerados como um sinal inquietante de fragilidade do sistema bancário. O próprio conteúdo da lista é também politicamente correto. De fato, os grandes bancos alemães e franceses não constam da lista. Por sorte, a enorme multa de cerca de 8,8 bilhões de dólares que o BNP Paribas teve de pagar nos Estados Unidos se refere a um período posterior a 31 de dezembro de 2013!

No entanto, embora esses testes, supostamente mais severos que os precedentes, apresentem um cenário desfavorável, ainda assim são otimistas. O risco de deflação da Zona Euro foi excluído, tal como o risco de incumprimento de um país europeu. E, no pior dos casos, o desemprego na Grécia, em 2016, deveria ter sido somente de 21,6%. Na realidade, esse cenário deveria ter correspondido ao caso favorável, visto que, nesse país, na realidade alcançou 24,9% e 23,1% no primeiro e segundo trimestres de 2016 respectivamente.

Entre os bancos avaliados, 76 tinham menos de 5% de fundos próprios, em percentagem do total dos ativos; 20 eram alemães, em particular o Deutsche Bank; 10 franceses, com as preciosidades nacionais que são o BNP Paribas, o Crédit Agricole – que de agrícola só tem o nome – e a Société Générale; 10 eram espanhóis; e 10 italianos. Um banco com menos de 5% de fundos próprios em seu balanço cai em insolvência quando seus prejuízos, por exemplo, consecutivos a uma queda de valor de seus ativos ou a multas importantes, ultrapassam essa pequena percentagem.[35] Prejuízos dessa ordem são plausíveis e, quando ocorrem, provocam uma cascata de falências, dada a intensidade dos vínculos financeiros entre

---

35 Veja: Jézabel Couppey-Soubeyran, Secteur bancaire: tout va très bien, madame la Marquise, *Le Monde*, 28 out. 2014.

esses estabelecimentos. Conclui-se então que os resultados dos testes de resistência não resistem à análise da situação.

Em geral, os resultados desses exercícios de solidez financeira destinados a tranquilizar os mercados, e sua publicação, que normalmente acontece pouco antes de uma próxima tempestade financeira, ilustram a incapacidade da maioria dos testes e de seus modelos de apreender verdadeiramente o risco que caracteriza os bancos sistêmicos. Também permitem constatar a evidência: a dita lucratividade desses bancos se deve, principalmente, às garantias e subvenções públicas de todos os gêneros que recebem.

Na realidade, muitas vezes são testes complacentes que se transformam em farsas. Quem pode ainda acreditar que, apesar dos enormes financiamentos públicos tragados pelo sistema bancário, este esteja em via de estabilização, e que a situação esteja sob controle?!

As agências de avaliação de risco e o conflito de interesses

Em uma economia de mercado com mercados financeiros eficientes e transparentes, as agências de avaliação de risco deveriam desempenhar um papel limitado. O valor das obrigações refletiria, efetivamente, o conjunto das informações pertinentes. Em última instância, toda e qualquer nota seria supérflua. A simples existência dessas agências, e o papel que elas assumem, são sintomas do mau funcionamento atual da economia de mercado.

Historicamente, as agências de avaliação de risco foram criadas no final do século XIX e começo do século XX para permitir aos investidores uma melhor compreensão dos riscos e rendimentos associados às novas tecnologias da época, como a estrada de ferro. Hoje, em vez de se dedicarem às novas tecnologias, como a internet, e à qualidade de suas ações ou obrigações, isto é, ao risco de incumprimento associado às dívidas do setor, as agências pretendem estudar de forma geral a qualidade das obrigações, emitidas tanto pelo setor

94   MARC CHESNEY

público quanto pelo privado. Isso nos sugere dois comentários. Por um lado, uma análise séria do setor informático teria sido particularmente útil, pois talvez pudesse ter evitado a bolha da internet de 2001, ou, pelo menos, teria permitido limitá-la; em vez disso, as agências se desacreditaram antes da crise financeira, atribuindo as melhores notas aos mais duvidosos dos produtos financeiros associados a dívidas. Por outro lado, o papel desempenhado pelas agências de avaliação de risco indica que, hoje, o processo de transformação de simples dívidas em títulos financeiros é determinante e de uma complexidade excessiva. Alguns grandes bancos criam fundos comuns de dívidas, ou seja, entidades *ad hoc* a quem revendem muitas das dívidas que detêm, a fim de desonerar o balanço, desfazendo-se de um risco de crédito que julgam excessivo. Essas dívidas são em seguida conjugadas e transformadas em títulos financeiros pelos fundos, criados para esse fim.[36] Títulos esses que são depois vendidos a investidores suficientemente ingênuos para acreditar que uma boa nota é sinônimo de qualidade. Os grandes bancos, ao criar tanto os fundos comuns de dívidas quanto esses novos ativos financeiros, aumentam consideravelmente a complexidade do setor financeiro e justificam implicitamente a existência das agências de avaliação de risco. Uma simplificação desse setor reduziria grandemente a razão de ser de tais agências.

Convém igualmente observar que as notas emitidas por essas agências servem também de meio de pressão sobre os países para que apliquem as medidas preconizadas pelos mercados financeiros. Se não se submeterem, as previsões associadas a essas notas correm o risco de se realizar. Isso significa que as agências de avaliação de risco são tão poderosas que suas profecias podem tornar-se realidade.

Certas empresas podem também ser pressionadas. O caso da companhia de resseguros Hannover Re ilustra esse problema. No

---

36 Assim, os créditos são "securitizados", isto é, foram transformados em títulos financeiros negociáveis nos mercados. Veja neste capítulo o segundo exemplo de apostas da finança-cassino.

final dos anos 1990, a empresa tinha contratos com as agências de avaliação de risco Standard & Poor's e A. M. Best. A Moody's queria também obter um contrato. A Hannover Re recusou a oferta da Moody's, o que não a impediu de avaliar essa empresa no decurso dos três anos seguintes, atribuindo-lhe uma nota cada vez pior, em comparação com a que lhe concedia a Standard & Poor's, na esperança de finalmente obter um contrato. A degradação da nota pressionou a direção e os acionistas, visto que provocou uma queda de 10% da cotação das ações da empresa.[37]

Finalmente, é necessário precisar que os grandes bancos e os fundos especulativos são acionistas e clientes importantes das agências de avaliação de risco, o que cria intensos conflitos de interesses, incompatíveis com o funcionamento eficaz dos mercados financeiros e com os princípios de uma economia liberal. O conflito de interesses põe em causa a objetividade e a seriedade dos sistemas de avaliação, tanto mais que diferentes fontes alegam que a atribuição de uma nota não requer em média mais que duas ou três horas de trabalho.[38]

As manipulações das taxas de juros

O Libor (London Interbank Offered Rate) é a referência internacional para contratos financeiros, cujo valor total atinge uma quantia de cerca de 350 trilhões de dólares.[39] Sua importância para o funcionamento da finança internacional é evidente. Em geral utilizado quando da compra de apartamentos ou carros, em uma economia de mercado seu valor deveria ser determinado por um mecanismo de mercado. Não é o caso.

---

37 Veja: Werner Rügemer, *Rating-Agenturen, Einblicke in die Kapitalmacht der Gegenwart*, p.93; e Credit Rater's Power Leads to Abuses, Some Borrowers Says, *Washington Post*, 24 nov. 2004.

38 Ibid., livro precedente.

39 Veja: Liz McCormick, Libor's Rise Matters for Trillions of Debt, Bloomberg, 13 dez. 2017.

O Libor não é definido pelas transações de mercado, mas por informações. Diariamente em Londres, às onze da manhã, de oito a dezesseis bancos indicam a que taxa eles se refinanciam em relação a cinco divisas, e isso para sete prazos de vencimento. O Libor resulta de uma média desses dados, dos quais são excluídos os níveis mais baixos e os mais elevados.

Em 2007, quando o crédito interbancário quase desapareceu, o Libor era, em definitivo, determinado com base em suposições, opiniões ou possíveis manipulações.

Essas manipulações se justificam de duas maneiras. Por um lado, permitem otimizar os lucros sobre os produtos derivados: por exemplo, os fluxos financeiros associados a produtos derivados de taxas de juros[40] estão frequentemente ligados ao Libor. Por outro lado, o fato de um banco anunciar uma taxa de financiamento baixa induz a supor que dispõe de uma boa solvabilidade e, em consequência, melhora sua reputação.

De acordo com o relatório da Financial Services Authority em Londres, o Banco Barclays efetuou, entre 2005 e 2009, pelo menos 257 tentativas de manipulação do dólar-Libor, do yen-Libor e do Euribor.[41]

No que diz respeito à UBS, entre 2005 e 2010, foram enumeradas mais de mil tentativas de manipulação, implicando mais de trinta pessoas em diferentes serviços ou países. Alguns membros da direção do banco teriam mesmo encorajado essas operações.[42]

A UBS remunerou *traders* externos à altura de 15 mil libras por trimestre, para ajudá-la a coordenar as manipulações com outros bancos. De fato, essas fraudes requerem certa cooperação:[43] um

---

40 Trata-se de produtos derivados, definidos no Capítulo 2, porém associados a uma taxa de juro, e não, por exemplo, a uma ação.

41 Gerald Hosp, Vom Referenzzinssatz zum Skandalwert, *Neue Zürcher Zeitung*, 20 dez. 2012, p.27.

42 Veja: Hansueli Schöchli, Hohe Hürden für Strafbehörden im Libor-Fall, *Neue Zürcher Zeitung*, 24 jan. 2013, p.9.

43 Sebastian Bräuer e Daniel Hug, UBS in Konflikt mit Aktionären, *Neue Zürcher Zeitung am Sonntag*, 23 dez. 2012.

A CRISE PERMANENTE **97**

instituição não poderia, por si só, chegar a esse resultado, visto que o Libor resulta de uma média de dados fornecidos por diversos bancos. De fato, doze dentre eles foram alvo de suspeitas de tentativas de manipulação.

A UBS teve de pagar uma multa no valor de 1,4 bilhão de dólares, ou seja, três vezes mais que o Barclays, às instâncias de regulação americana, inglesa e suíça.

Em dezembro de 2013, esse mesmo banco escapou de uma multa de 2,5 bilhões de euros da Comissão Europeia. O fato de revelar a essa instituição a fraude cometida, assim como o papel essencial que tivera, permitiria à UBS obter uma completa imunidade. Fraudar, e denunciar suas torpezas e as de seus concorrentes logo em seguida, isto é, antes que outras instituições implicadas o façam, parece ser uma boa estratégia para os grandes bancos; estratégia que, se a fraude não for detectada, lhes permite gerar lucros importantes ou, caso contrário, evitar as penalidades.

Contudo, devido a esse escândalo a UBS viu-se obrigada a pagar outras faturas. Segundo o *Neue Zürcher Zeitung*, o banco já teria gastado cerca de 100 milhões de francos em custos de análise interna e de controle de milhões de dados. Essas tarefas ocuparam cerca de 410 advogados.[44]

A Société Générale, assim como o Deutsche Bank, também está implicada nessas manipulações. Esse último teve de pagar uma multa de 2,5 bilhões de dólares.[45] Desde o início do escândalo, vários bancos foram confrontados com situações semelhantes, atingindo um total de 7 bilhões de euros, a comparar com os ganhos que eles realizaram graças a essas manipulações: da ordem de 23 bilhões de dólares. Assim, a fatura global e as penas judiciárias foram muito brandas.

As autoridades competentes quiseram provavelmente limitar a amplitude do escândalo, com medo de agravar o que consideraram

---

44 Ibid.

45 Em 2018, o Deutsche Bank teve de pagar um montante de 70 milhões de dólares nos Estados Unidos devido à manipulação de uma outra taxa (ISDAfix, utilizada para produtos derivados) ocorrida entre 2007 e 2012.

um risco sistêmico. O *"too big to fail"* foi acompanhado de um *"too big to jail"*, isto é, da impossibilidade de condenar a penas de prisão as direções bancárias implicadas em práticas suspeitas.

Uma seção consagrada à manipulação das taxas de juros não pode deixar de mencionar a política monetária seguida ultimamente pela maioria dos bancos centrais, analisada no Capítulo 2, e que consistiu em comprar, entre outros, quantidades astronômicas de obrigações, geralmente emanando de Estados ditos soberanos. As taxas de juros negativas são consequência dessa política. Em janeiro de 2020, cerca de um terço da dívida pública dos países desenvolvidos apresentava um rendimento negativo. Em nível mundial, o valor das obrigações com rendimento negativo era de 13 trilhões de dólares.[46] Isso é o suficiente para provar que não se trata de um fenômeno indiferente. É bom lembrar que a taxa de juros é o preço do dinheiro. Que um preço seja negativo, e que assim permaneça durante tanto tempo, só pode ser obra de uma manipulação em grande escala do mercado, nesse caso o das obrigações. E são os bancos centrais os verdadeiros protagonistas dessa manipulação. Quando finalmente as taxas de juros subirem, os prejuízos dos detentores de obrigações poderão alcançar trilhões de dólares.[47]

As manipulações das cotações das divisas

Como o Libor, o mercado de divisas foi também manipulado. Seria surpreendente que isso não tivesse acontecido! Essas fraudes foram efetuadas entre 2008 e 2013, e reveladas em novembro de 2014. Seis grandes bancos estão implicados nessas manipulações: Bank of America, Citibank, HSBC, JPMorgan Chase, Royal Bank of Scotland e a UBS.

---

46 Veja: Negative-yielding debt sends investors scurrying into gold, *Financial Times*, 30 jan. 2020.

47 Veja: Andreas Uhlig, Toxische Verschuldung, *Neue Zürcher Zeitung*, 31 out. 2016.

Este último deverá desembolsar a quantia mais graúda: um total de cerca de 774 milhões de francos às autoridades competentes dos Estados Unidos, da Inglaterra e da Suíça. Trata-se ou de multas ou da restituição dos lucros ligados a essas fraudes. No caso da Suíça, a UBS deverá pagar 134 milhões de francos, quantia que se supõe corresponda ao benefício gerado por essas manipulações. Esse banco não pagará, portanto, multa na Suíça, o que é ideal para ele. Se as fraudes não são detectadas, os benefícios são amealhados. Caso contrário, os ganhos são reembolsados. É como se nos contentássemos em pedir a um assaltante que apenas restituísse os objetos roubados, o que só o incitaria a recomeçar.

A UBS tem uma comissão encarregada da gestão dos riscos e de seus efeitos potenciais em termos de degradação de sua reputação. Os membros dessa comissão são magnanimamente pagos para efetuar o trabalho: pelo menos 500 mil francos por ano. É incontestável que não cuidaram dos riscos de manipulação das cotações das divisas com a atenção que eles mereciam. Devem ter lhes parecido como limitados e não prioritários. A situação está longe de ter sido saneada, dado que oito dos maiores bancos mundiais correm o risco, em um futuro próximo, de pagar multas de bilhões de euros por causa de manipulações das cotações de divisas.[48]

Para concluir este capítulo, convém lembrar que o mercado é central na argumentação liberal. Ele deve, por meio do mecanismo de formação dos preços, organizar a economia de modo eficaz. No que diz respeito aos mercados financeiros, que se tornaram o sistema nervoso da economia, atualmente esse mecanismo está defeituoso.

No contexto da atual finança-cassino, onde poderosos protagonistas estão em condições de influenciar ou manipular as cotações em bolsa, e se associam, desse modo, a numerosos escândalos e delitos, as cotações não podem representar verdadeiramente os valores fundamentais dos ativos.

---

48 Veja: Banks prepare to settle with Brussels over forex cartel probe, *Financial Times*, 19 nov. 2017.

Os mercados financeiros já não conseguem desempenhar seu papel, que consiste em proporcionar a alocação ótima dos capitais e dos riscos. A partir do momento que os capitais são utilizados para apostas, e não para investimento, perdem seu caráter produtivo e, portanto, sua natureza de capital.

O setor financeiro alheou-se do empreendedorismo. A financeirização da economia contradiz os princípios fundamentais do liberalismo, sobre os quais esse setor afirma se basear. No cerne da esfera financeira, a mão invisível de Adam Smith mostra-se cada vez mais inoperante, na medida em que, ao procurar satisfazer interesses particulares, gera um risco sistêmico e prejudica, em consequência, o bem-estar geral. A ela se substitui frequentemente a mão do crupiê da finança-cassino, que recolhe as apostas em nome dos bancos ditos sistêmicos e dos fundos especulativos.

5
O NASCIMENTO DO
HOMO FINANCIARIUS E A SERVIDÃO
DAS ELITES

E enquanto a crise grassa, que fazem as elites político-econômicas? Repetem lugares-comuns na televisão e parecem não se preocupar com a falência do sistema. Elas frequentemente propagam a ideia de que a crise terminou. A melhor solução para resolver um problema não é mesmo negar sua existência? A página teria sido virada, e a prova disso seria a subida das cotações da bolsa nos últimos anos. Ora, essa progressão, derivada das injeções maciças de liquidez por parte dos bancos centrais, traduz apenas a desconexão crescente entre o setor da bolsa e a economia, já discutida no prefácio e no segundo capítulo. E, ainda nesse contexto, convém acrescentar que, desde o início da crise, alguns dos bancos centrais, em particular o Banco Nacional Suíço, adquiriram quantias colossais de ações, mantendo sob perfusão *a fortiori* os mercados financeiros.

Quanto ao mundo acadêmico, ele ronrona... A maioria de seus numerosos círculos de economistas vive na órbita do poder. Tornar-se "conselheiro do príncipe" é o objetivo último da maioria de seus membros. Além disso, os grandes bancos financiam cada vez mais frequentemente as cátedras universitárias, exercendo desse modo uma influência sobre aqueles que delas se beneficiam e, indiretamente, sobre o ensino e a pesquisa. As mesmas instituições financeiras que, para evitar a falência, foram sustentadas por fundos públicos, catequizam e subvencionam professores, ou até estudantes, atribuindo prêmios de fim de curso e distribuindo doações para apoiar a organização de conferências de economia ou finanças. Tudo isso representa na realidade um ônus oculto para o mundo acadêmico que, desse modo, se torna por um lado cúmplice dessa tentativa de lavagem de imagem por parte de instituições de reputação suspeita, frequentemente associadas a escândalos de toda ordem. Por outro lado, isso promove a Escola de Chicago, que prega uma desregulamentação desenfreada dos mercados, supostamente capaz de induzir um sistema econômico eficaz e uma hierarquia natural de vencedores e perdedores. Como foi analisado no capítulo precedente, essa receita duvidosa conduz na realidade a uma finança-cassino com consequências sociais desastrosas. Essa Escola, consolidada no exercício do monopólio das ideias e dos conceitos econômicos no mundo acadêmico, exerce uma verdadeira influência sobre a maioria dos círculos de economistas e dos governos.[1] Os raros economistas que ousam questioná-la são marginalizados.

Para alguns membros desses círculos, uma crise teria até efeitos positivos ligados ao processo de "destruição criativa" (sic!) que, embora destruindo empregos, se supõe que crie novos postos de trabalho. Ora, se o processo de destruição funciona plenamente, sua vertente criativa é menos perceptível! Em nível internacional, a crise destruiu cerca de 30 milhões de empregos, mas a criação massiva e durável de novos postos de trabalho estáveis, devido ao acesso a novas tecnologias ou novos modos de produção, não é uma realidade tangível!

Essas ideias não deixam de lembrar as opiniões em vigor em certos meios de antes da Grande Guerra e em seus primórdios.[2] Se uma

---

1 Veja: Marc Chesney, Économie et finance: le monopole de la pensée dominante et ses dangers, *Bulletin de l'Académie suisse des sciences humaines et sociales*, 25 mar. 2019.

2 Uma obra de referência sobre o tema da guerra e da modernidade, do final do século XIX a 1914, é a de Emilio Gentile, *L'apocalisse della modernità. La Grande Guerra per l'uomo nuovo*.

A CRISE PERMANENTE **103**

crise pode engendrar uma "destruição criativa", uma guerra, em particular a guerra de 1914-1918, seria "purificadora". Se as catástrofes constituem uma espécie de purga cíclica inevitável, seriam fenômenos naturais e, como tal, poderiam ter efeitos positivos. O escritor Heinrich Mann explicou que "algumas pessoas, para não dizer a maioria, estavam profundamente fartas" e que, para elas, a Primeira Guerra Mundial surgiu como uma "promessa de renovação".[3]

Bem antes da guerra de 1914-1918, Dostoiévski declarou, em 1877, em seu *Diário de um escritor*:

> Então, é evidente que a guerra também serve para alguma coisa, ela é saudável, alivia a humanidade. Refletindo em abstrato [longe da realidade concreta], ela é uma indignidade, mas na prática parece verificar-se que assim é exatamente porque, para um organismo contaminado, mesmo algo tão benéfico quanto a paz se converte em algo nocivo.[4]

Igualmente revelador é o que Nietzsche escreve em *Assim falou Zaratustra*, em 1883:

> Amai a paz como meio de futuras guerras. E amar a paz breve mais que a longa... Dizeis que uma boa causa santifica também a guerra? Eu vos digo: a boa guerra santifica qualquer causa. A guerra e a coragem realizaram mais grandes feitos que o amor ao próximo.[5]

Ou quando em *Humano, demasiado humano*, em 1878, Nietzsche escreve que de uma guerra "o homem sai mais forte, tanto para o bem como para o mal".[6] Essas palavras contrastam com as do

---

3 Heinrich Mann, *Die Verräter*, p.516, no original: "Manche, wenn nicht die meisten, hatten irgendetwas gründlich satt" e "Der Krieg versprach eine Erfrischung" [tradução do autor].

4 Veja: Fiódor Dostoiévski, *Diário de um escritor*, p.118.

5 Veja: Friedrich Wilhelm Nietzsche, *Also sprach Zarathustra*, p.54.

6 Nietzsche, *Humano, demasiado humano*.

104 MARC CHESNEY

escritor suíço Blaise Cendrars, que, tendo participado da Primeira Guerra Mundial, escreveu em sua obra *La main coupée* [A mão cortada]:

> *Morrer pela pátria é o mais belo destino... não é?* O senhor acha que está no teatro? Perdeu a noção da realidade? Aqui não estamos no teatro francês.[7] E sabe o que se esconde sob esse verso alexandrino? A guerra é uma ignomínia. Quando muito esse espetáculo pode satisfazer os olhos, o coração de um filósofo cínico, e tingir a lógica do mais negro pessimismo. Uma vida de perigo pode convir a um indivíduo, é certo, mas no plano social conduz diretamente à tirania, sobretudo em uma república dirigida por um senado de velhos, uma câmara de tagarelas, uma academia de fanfarrões, uma escola de generais...[8]

A Grande Guerra e as que se lhe seguiram no século XX não permitiram a aparição desse super-homem caro a Nietzsche, protagonista de seu destino e da história. Em vez disso, foram testemunhas da ascensão do *Homo œconomicus* iletrado, otimizando seus proventos e, em consequência, ele próprio determinado e objeto. Com a conquista do poder pelo neoliberalismo nos anos 1980, ele se transformou em *Homo financiarius*, criatura predadora, nociva para a sociedade, caracterizada por um profundo cinismo e por uma propensão à acumulação descontrolada de riqueza. Aliás, segundo Milton Friedman, a única responsabilidade social da empresa é de aumentar os lucros e de criar valor para seus acionistas.[9]

O super-homem deveria se permitir ultrapassar o sistema de valores judeu-cristãos; o *Homo financiarius* representa uma regres-

---

7 Teatro de la Comédie Française.
8 Veja: Blaise Cendrars, *La main coupée*, p.378.
9 Os vastos fluxos de negócios e os imensos ganhos realizados pela IBM com a Alemanha nazista constituem um exemplo extremo de estratégia centrada unicamente na maximização dos lucros. Graças a essa colaboração, a máquina de extermínio desse regime se tornou particularmente eficaz (veja: Edwin Black, *IBM e o Holocausto*). Sem a bússola moral, a cobiça leva ao pior.

são em relação a esses valores, os seus são puramente financeiros e ele está pronto a tudo para satisfazê-los. Max Weber há muito demonstrou a importância que a religião protestante teve no desenvolvimento do capitalismo. Hoje, os mercadores do Templo e os adoradores do bezerro de ouro tomaram o poder. São os grão-sacerdotes da finança-cassino, de uma religião extraviada onde o cinismo em estado puro é a qualidade mais requisitada. Lloyd Craig Blankfein, diretor do banco Goldman Sachs e falso profeta diante do Eterno, chegou a declarar em 2009 que "realizava a obra de Deus"! Os mercados financeiros são o Deus dessa nova religião. O *Homo financiarius* os adora e ao mesmo tempo os teme. O dinheiro é seu ídolo e seu fetiche. Seus locais de culto são as salas de mercado, da finança-cassino, seu paraíso é o instante de eternidade proporcionado pelos bônus ilimitados dos diretores e *traders* meritórios. Seu mito mais importante é o da mão invisível, já evocada aqui, que se supõe permite o funcionamento ideal dos mercados. Sua linguagem se limita em geral a um substrato arrevesado, envolto nas vestes da ciência, que impressiona o crente, mais do que o convence. Como acontecia com o latim na Igreja Católica Romana de antes do Concílio Vaticano II, essa linguagem hermética é reservada aos iniciados. Permite elaborar um rito, uma comunicação baseada em um suporte misterioso e indecifrável para o comum dos mortais. Quanto ao tráfico de indulgências, ei-lo ressuscitado, mas sob nova forma. O Estado deve pagar enormes quantias para custear o resgate e as subvenções de mastodontes financeiros, na esperança de obter a indulgência dos mercados financeiros e, também, futuros empréstimos. Essa dinâmica é nociva para a sociedade.

Os fatores decisivos do crescimento da economia financeirizada, em vez de serem a poupança e o investimento – cujo verdadeiro desenvolvimento se deveria, segundo Max Weber, à emergência do protestantismo –, transformaram-se em dívidas e apostas suspeitas, frequentemente à custa da sociedade.

Se a economia financeirizada se transformou em uma religião extraviada, se a falência financeira é apenas a resultante de uma

106   MARC CHESNEY

falência moral, então se faz necessária uma nova reforma, uma reforma de um tipo particular, já que não se trata de criar uma nova religião, mas muito claramente de recolocar o homem no centro da economia. Ela deveria, antes de tudo, cuidar da questão dos valores de nossa sociedade e dos indivíduos que a compõem, sublinhar que os verdadeiros valores não podem ser financeiros e que o ser não deve se confundir com o ter. Essa questão ultrapassa o quadro estritamente econômico: ela é de ordem social, filosófica e política. Chamar a atenção para o tema permitiria, precisamente, pôr a finança em seu devido lugar, a serviço da economia, e devolver esta última ao serviço da sociedade.

A servidão das elites

Julien Benda, autor de um livro datado de 1927, *A traição dos intelectuais*,[10] analisou como nessa época as elites intelectuais traíam sua missão, adotando, em nome do pragmatismo, posições xenófobas e ultranacionalistas, em vez de promoverem o Iluminismo, servindo assim, e defendendo, os valores "eternos e desinteressados" que são os valores do espírito.

Assistimos hoje também a uma traição das elites, não do mesmo modo que entre as duas guerras mundiais, período do fortalecimento na Europa das ditaduras fascistas ou estalinistas, mas através da tomada do poder pelo neoliberalismo, apoiado explícita ou implicitamente por grande parte das elites.

A falência moral ligada à sujeição das elites é de natureza diferente daquela de uma empresa ou de um país. É desastrosa no sentido de que se trata da ruína dos valores sobre os quais nossa sociedade supostamente se baseia. À poupança ligada ao trabalho, à confiança, à responsabilidade se substituem, no centro do sistema financeiro, a dívida, o cinismo e a socialização dos prejuízos. Quan-

---

10 Julien Benda, *A traição dos intelectuais*.

to aos valores não monetizáveis – como a honestidade, a integridade, a amizade e a honra –, eles tendem a ser apagados, relegados a uma loja de antiguidades.

A falência moral, a corrupção intelectual das elites ou daqueles que pretendem esse estatuto, aparece associada a uma confusão de ideias e conceitos. Retomando as teses de Francis Fukuyama, depois da queda do muro de Berlim a organização econômica da sociedade, supostamente associada ao liberalismo e à democracia, constituiria um estágio último do capitalismo, para o qual a sociedade humana teria convergido ao longo dos séculos. Essa visão se impôs entre as "elites" em nome do realismo. Paradoxalmente, a situação de equilíbrio considerada inultrapassável, que seria a da sociedade atual, padece de graves desequilíbrios. De que modo tal situação poderia ser compatível com a presente, caracterizada por uma finança-cassino, um empobrecimento e uma fragilização de estratos inteiros da população, e por uma democracia mais virtual que real?

O sistema de formação superior tem uma responsabilidade no processo de conversão ao realismo das futuras elites. Como escrevem os autores de um abaixo-assinado publicado em 2011,[11] "mais de três anos depois do início da crise que revelou claramente os desvios, limites e perigos, como também as responsabilidades do pensamento dominante em matéria econômica, este último continua a exercer quase um monopólio no mundo acadêmico".

Em vez de ter como objetivo contribuir para o bem comum, a pesquisa produz, em geral, "análises complacentes sobre os supostos benefícios da financeirização de todo o sistema econômico, obtido graças às supostas vantagens da inovação e da especulação financeira".

---

11 Abaixo-assinado dos professores pesquisadores, Pesquisa e ensino em Economia, Finanças e Gestão devem ser renovadas com o objetivo de servir ao bem comum, Genebra-Friburgo-Zurique, mar. 2011, disponível em: http://www.responsiblefinance.ch/apelo/.

Verdadeira ou falsa moeda intelectual?

O fato de içar sobre um pedestal pretensas sumidades, que ocupam funções importantes sem controle científico ou democrático adequado, acentua a conversão ao realismo das elites intelectuais e, consequentemente, sua inapelável traição. A designação dos prêmios Nobel de economia (ou mais precisamente os prêmios do Banco da Suécia em Ciências Econômicas em memória de Alfred Nobel)[12] ilustra o problema. Mediatizados e incensados em excesso, acabam influenciando a política econômica dos governos, as políticas de investimento das empresas e as instituições acadêmicas, em termos de estratégias de ensino e pesquisa. Jean Tirole, depois de receber o prêmio em 2014, escreveu à ministra do Ensino Superior e da Pesquisa da França, para bloquear toda tentativa de introdução de pluralismo nesse campo. A carta produziu o efeito desejado, visto que nenhuma nova seção ou formação universitária foi criada, permitindo ao pensamento único manter o poder nesse país.

Por outro lado, convém sublinhar que numerosos laureados do prêmio são ligados à Universidade de Chicago, conhecida por advogar a mais completa desregulação dos mercados – sendo esta, no entanto, uma das causas da crise –, e que dois desses laureados, Robert Merton e Myron Scholes, nobelizados em 1997, estiveram depois associados à quase falência do fundo de investimento LTCM[13] em 1998. O domínio da Escola de Chicago se ilustrou ainda em 2013, quando dois dos três laureados eram afiliados a essa universidade.

---

12 Em dezembro de 2004, Peter Nobel, descendente de Alfred, declarou por ocasião de uma entrevista: "Nunca, na correspondência de Alfred Nobel, se encontra a mínima menção a um prêmio de Economia. O Banco Real da Suécia pôs seu ovo no ninho de um outro pássaro, muito respeitável, violando assim a 'marca registrada' Nobel".

13 Trata-se do fundo "Long-Term Capital Management" que de longo prazo e de capital só tinha o nome, visto que movimentava apostas a curto prazo com base em um endividamento recorde desse fundo.

A CRISE PERMANENTE **109**

Em outubro desse ano, um fumo branco surgiu no céu de Estocolmo e três novos papas da economia foram designados: Eugene Fama, Lars Peter Hansen e Robert Schiller. Tratava-se de recompensá-los por suas "análises empíricas dos preços dos ativos". Tudo muito bem em princípio, mas os membros do júri infelizmente não se deram ao trabalho de explicar se as análises eram pertinentes diante de uma instabilidade financeira e de uma precarização persistente do emprego. Eugene Fama está ligado à teoria da eficiência dos mercados, segundo a qual os mercados financeiros nunca se enganam, contrariamente aos que tentassem antecipar-se ou suplantá-lo, ou seja, gerar regularmente um rendimento superior ao de um índice de mercado de bolsa, como o IBrX-50 no Brasil ou o PSI 20 em Portugal. Tais mercados seriam a referência natural de nossa economia, seu deus perfeito e insondável, seu alfa e seu ômega. Ora, a simples existência de uma crise contraria essa teoria. Se os mercados financeiros têm sempre razão, por que eles mudariam de opinião tão bruscamente, como é o caso quando de uma quebra financeira, sem que nenhuma nova informação o possa justificar? O comunicado oficial do prêmio nos deixa perplexos: o laureado teria demonstrado que era extremamente difícil prever a cotação das ações a curto prazo. Essa evidência cotidiana merece certamente um prêmio Nobel... Robert Schiller, por seu lado, teria mostrado que era menos difícil prever as cotações a longo prazo que a curto prazo. Ficamos mais tranquilos, mas como as previsões a curto prazo são extremamente volúveis, seria difícil fazer pior a longo prazo. Por outro lado, como ninguém é capaz de definir precisamente o que é o longo prazo (um, três, cinco anos?), esse resultado não é de uma utilidade flagrante. Os trabalhos dos dois premiados são mais contraditórios que complementares. O primeiro prêmio se baseia na hipótese da racionalidade dos agentes econômicos, enquanto o segundo destaca seu caráter irracional. Enfim, no momento em que os mercados financeiros estão sob perfusão dos bancos centrais e as cotações dos ativos financeiros são regularmente manipuladas, é paradoxal que os autores de estudos sobre previsão limitada das cotações de ações sejam tão celebrados

110 MARC CHESNEY

e que seus estudos chamem tanta atenção. Discutir o sexo dos anjos merece, ao que parece, a mais alta recompensa!

As questões que mereceriam respostas da parte dos prêmios Nobel permanecem em suspenso. Quais são os novos paradigmas econômicos que deveriam ser desenvolvidos? Quais são as soluções suscetíveis de acabar com a finança-cassino e de pôr a finança ao serviço da economia e da sociedade? É evidente que, em 2013, essas questões não foram julgadas pertinentes pelos membros do júri, assim como não o foram depois!

Em seu testamento, Alfred Nobel explica que seu objetivo é recompensar com um prêmio aqueles que no ano precedente tivessem sido os maiores beneméritos da humanidade. Os membros do júri deveriam precisamente ter esse objetivo muito presente ao proceder à escolha dos laureados. A título de quê Robert Merton e Myron Scholes podem ser considerados beneméritos da humanidade? Ao se associarem ao fundo de investimento LTCM?

Na pirâmide da notoriedade, outras figuras dessa elite complacente aparecem em níveis inferiores. Por exemplo, podemos mencionar o caso de Frederic Mishkin, professor da Columbia Business School que, segundo o *Monde Diplomatique*,[14] deu seu nome, em 2006, antes da eclosão da crise, a um relatório intitulado "Estabilidade financeira na Islândia", pelo qual teria recebido 135 mil dólares. Segundo a mesma fonte, o professor Richard Portes, da London Business School, teria recebido 58 mil libras por uma perícia semelhante.[15]

A economia não deveria ser uma matéria unicamente técnica a ponto de ser reservada a iniciados, *a fortiori* se estes não desempenham seu papel. O cidadão deve ter controle sobre essas questões, visto que, em última instância, é ele quem assume o custo das cri-

---

14 Silla Sigurgeirsdottir e Robert Wade, Quand le peuple islandais vote contre les banquiers, *Le Monde Diplomatique*, maio 2011, p.1, 18-9.

15 Richard Portes, Fridrik Mar Baldursson e Frosti Olafsson, *The Internationalisation of Iceland's Financial Sector*, Iceland Chamber of Commerce, nov. 2007, p.V e 69.

A CRISE PERMANENTE **111**

ses; cabe-lhe, portanto, exigir desses iniciados que eles contribuam para a solução, e não para a criação de problemas. O necessário seria indignação e empenho, para usar os termos de Stéphane Hessel.[16] A difusão de "uma moeda falsa intelectual", isto é, de conceitos sem valor da parte de elites geralmente subjugadas, contribui para o prolongamento da falência do sistema e a propagação da precarização das condições de vida.

Mundo político e corrupção

O mundo político é em grande parte responsável por essa falência. Hoje, trata-se, demasiadas vezes, de corrupção pura e simples das elites. A classe política grega, direita e esquerda confundidas, é um exemplo perfeito.

Na Grécia, parece mais fácil fazer os contribuintes europeus, gregos ou não, pagar, e diminuir as aposentadorias e os salários dos funcionários, do que exigir daqueles que se beneficiavam de vantagens indevidas que paguem seus impostos.

Quando, em 2010, Christine Lagarde, ministra das Finanças do governo de François Fillon, transmitiu ao seu homólogo grego George Papaconstantinou um CD-Rom contendo uma lista de 2063 gregos titulares de contas na filial suíça do HSBC em 2007, isso não teve nenhum efeito. Em vez de aplicar uma política de austeridade muito rigorosa, que apenas acentuou os problemas, os governos gregos que se sucederam no poder deveriam ter se assegurado que os contribuintes que tivessem contas no estrangeiro pagassem seus impostos. A perda de receita daí resultante é enorme! A fraude fiscal custa à Grécia bilhões de euros por ano. Até o presente, nem o "socialista" Papaconstantinou nem seus sucessores, dentre outros Evángelos Venizélos, sagrado depois secretário-geral de seu partido, nem Yannis Stournaras, ministro das Finanças até

---

16 Stéphane Hessel, *Indignai-vos!*

junho de 2014, consideraram útil usar a lista para pedir às pessoas citadas que pagassem o que devem.

George Papaconstantinou chegou a invocar como desculpa a perda do precioso CD-Rom. Como ele deve ter lamentado não poder, enquanto ministro da Economia, exigir a alguns de seus amigos e colegas, ou mesmo a certos membros de sua família, que pagassem seus impostos! Segundo a revista grega *Hot Doc*, que em 2012 publicou a lista, e a primeira página do *Wall Street Journal* datado de 2 de novembro de 2012, que publicou um artigo a esse respeito, constariam nela os nomes de dois antigos ministros, de um conselheiro do primeiro-ministro eleito em 2012, Antónis Samaras, assim como os de homens de negócios conhecidos no país. O jornalista grego responsável pela publicação teve, durante certo tempo, inúmeros e graves problemas com a justiça de seu país por ter ousado quebrar a *omertá*!

No dia 28 de dezembro de 2012, o caso mudou de figura, visto que George Papaconstantinou, o ex-ministro das Finanças grego que recebeu a lista, foi acusado de tê-la falsificado. Segundo a mídia, ele teria apagado o nome de duas primas, filhas de outro ex-ministro (um conservador já falecido), e de seus respectivos maridos. O Pasok, partido dirigido por seu sucessor Evángelos Venizélos, acabou por expulsar o ex-ministro Papaconstantinou ... O que acontecerá com essa lista? O governo do primeiro-ministro Tsipras decidirá se ocupar dela? Segundo a ex-presidente do parlamento grego Zoé Konstantopoulou, em qualquer um dos casos, parece que o FMI não consideraria prioritário averiguar as informações.

De modo geral, em muitos países, o sistema político está em fim de linha. A situação francesa ilustra cabalmente o problema. Os grandes partidos, ditos de maioria ou de oposição, o Partido "Socialista" e os "Republicanos", estão em estado de decomposição avançada, minados por repetidos escândalos, traições de toda espécie e descumprimentos de palavra. Um espetáculo lastimável e indigno de uma democracia, que permite a indivíduos sem convicções, medíocres e corruptos, ocupar o centro do poder.

A crise atual extrapola o quadro estritamente financeiro. É também aquela de valores de nossa sociedade. Os membros da elite desempenham, na maior parte das vezes, o papel de falsários do pensamento, justificando, explícita ou implicitamente, o funcionamento atual da economia.[17] A corrupção, a servidão são males que devem ser tratados com a maior seriedade, a menos que nos satisfaçamos com uma situação onde não haja "mais nenhuma espécie de consciência, salvo, se assim podemos nos exprimir, a consciência da opinião pública e do código penal", como escrevia Tolstói em *A sonata a Kreutzer*.[18]

---

17 Veja Marc Chesney, L'économie financiarisée et ses faux-monnayeurs, *La Littérature face à l'hégémonie de l'économique*, p.67-77.
18 Liev Tolstói, *A sonata a Kreuzer*.

6
ALGUNS REMÉDIOS E SOLUÇÕES

No final da Primeira Guerra Mundial haviam desaparecido quatro impérios: o Russo, o Austro-Húngaro, o Otomano e o Alemão (o Segundo Reich). Para encontrar soluções à crise atual, torna-se necessária uma profunda reconfiguração de impérios de outra natureza. Impérios que são pelo menos quatro: o financeiro, claro, e também o energético, o militar e o das tecnologias da informação, que merecem ser mencionados embora não constituam o tema deste livro. Dado o poder de seus *lobbies*, todos eles exercem uma vasta influência sobre nossa sociedade, sujeitando-a a correr riscos consideráveis.

O império financeiro foi tratado nos capítulos precedentes. Segundo o jornalista François Fejtö, as causas da generalização da Grande Guerra estão ligadas à "convicção de que uma grande potência só pode se manter por expansão".[1] As causas do prolongamento da crise estão ligadas também a esse fenômeno. O império financeiro está estruturado em torno de megabancos, que continuam a crescer comprando outras instituições. As vagas de desregulamentação permitiram que os bancos se implantassem

---

1 François Fejtö, *Requiem pour un empire défunt*, p.30.

fortemente e mesmo que controlassem setores como os seguros, a energia, os metais, os produtos alimentares..., e de impor a esses setores sua lógica. Continuam estendendo assim seu poder, sem que nenhuma regulação internacional tente pôr fim a suas práticas.

O império energético rege o mundo, junto com o setor financeiro. O "padrão ouro-dólar" foi substituído pelo "padrão petróleo-dólar", com a cotação do petróleo estabelecida em dólares e uma economia mundial que balança a cada um de seus sobressaltos. A "guerra contra o terrorismo", na Síria, no Iraque e na Líbia, sobretudo, é muitas vezes um pretexto para se assenhorear dessa fonte de energia.

Deve-se ao "ouro negro" e ao carvão um aumento das emissões de CO_2 da ordem de 40%, entre 1990 e 2010, aumento que faz elevar consideravelmente o risco de aquecimento global de nosso planeta, risco tanto para as gerações atuais como para as futuras.

A energia nuclear, assim como a exploração do gás de xisto, outro componente desse império, também ameaçam a população, com riscos maiores e incontroláveis.[2]

O império militar é descomunal. No século XX, guerras e conflitos letais ensanguentaram o planeta. Um século depois da eclosão da Primeira Guerra, a situação na Síria e na Ucrânia corre o risco de se tornar um perigoso conflito militar mundial. Esse império absorve uma massa de investimentos e energias que escasseiam em outros setores.

O império das tecnologias da informação transformou-se no instrumento de controle moderno das populações, permitindo aos

---

2 No Japão, de acordo com Kan Naoto, primeiro-ministro na época da catástrofe atômica de Fukushima em março de 2011, se a situação ficasse fora de controle e todos os reatores de Fukushima fundissem, uma evacuação de pelo menos 250 quilômetros seria necessária. "Uma zona como essa incluiria a aglomeração de Tóquio e engloba 40% da população japonesa, ou 50 milhões de pessoas. Uma evacuação por um período de dezenas de anos colocaria em perigo até mesmo a existência do Japão enquanto nação." Uma catástrofe maior foi evitada no final. Veja: O dia em que o Japão correu o risco de desaparecer, *Le Monde Diplomatique*, ago. 2019.

A CRISE PERMANENTE **117**

Estados, "democráticos" ou não, interceptar as comunicações nacionais e internacionais, passem elas pela internet, o telefone, o fax... Tal império contribui, portanto, para conferir à democracia um caráter virtual.

Reconfigurar os impérios, mudar radicalmente o modo de funcionamento da sociedade para encontrar soluções às profundas crises atuais, suporia que os titulares de cargos eleitos tratassem verdadeiramente os problemas e exercessem suas reponsabilidades diante daqueles que os elegeram e dos cidadãos em geral. Lloyd George, nomeado primeiro-ministro inglês em dezembro de 1916, observou a propósito das origens da guerra e da atitude do chefe de Estado francês e do ministro dos Negócios Estrangeiros russo: "Temos a sensação de que Poincaré e Sazonov disseram um ao outro: o que importa não é evitar a guerra; é dar a impressão de ter feito tudo para evitá-la".[3] Atualmente, o cidadão sente também que muitos políticos fingem querer resolver os graves problemas que nossa sociedade enfrenta, mas não o fazem verdadeiramente.

Este livro é focalizado no império financeiro, cujo poder é inquietante e leva a sociedade a derrapagens incontroláveis. A sociedade está em um momento decisivo, que pode caracterizar-se do seguinte modo:

– Os mercados financeiros já não têm capacidade de funcionar. Ao contrário, como mostra a situação atual, eles geram um risco sistêmico considerável e contribuem para o desenvolvimento da finança-cassino.

– Os bancos considerados *"too big too fail"* são subvencionados. Incitados a correr riscos à custa dos contribuintes, acionistas, clientes e empregados, ou seja, à custa da economia, comportam-se como bombeiros piromaníacos.

– O setor financeiro escraviza a economia e sufoca a sociedade.

– A "mão invisível" de Adam Smith, transformada no mito da religião extraviada que é a finança-cassino, é cada vez menos efe-

---

3 Ibid., p.35-6, ou o número especial da revista satírica *Crapouillot* sobre a Grande Guerra, datado de 1935.

118   MARC CHESNEY

tiva, na medida em que, para os grandes bancos e os fundos de investimento, a satisfação dos interesses particulares é cada vez mais nociva ao bem comum e à economia.

– O crescimento econômico já não está verdadeiramente habilitado a gerar um desenvolvimento social e não conseguirá curar o câncer de que a sociedade sofre. Ele deveria permitir reembolsar as colossais dívidas acumuladas. Isso é uma utopia. Inversamente, o endividamento deveria também engendrar o crescimento, o que é, a longo termo, irrealista.

– O domínio financeiro sobre a economia tem como consequência direta a degradação da democracia, cujos princípios essenciais são desprezados.

Os problemas evocados neste livro e resumidos nessas seis características admitem soluções que na maioria dos casos requerem apenas o mais elementar bom senso. No entanto, tais soluções não são postas em execução. As medidas tomadas são de orientação diferente e se revelam, finalmente, inoperantes: são receitas de gosto amargo que não estão à altura dos desafios. Nem a política monetária dos bancos centrais, de taxas de juros baixos, nem a política fiscal de numerosos governos, caracterizada por uma austeridade crescente, proporcionam respostas convincentes. Pelo contrário, essas medidas acentuam as dificuldades. As dívidas e os riscos são demasiado elevados em nível mundial para que as políticas fiscais e monetárias clássicas possam surtir efeito.

Por que razão se mantém esse rumo se tais políticas levaram a sociedade a um impasse? Poderosos *lobbies* estão em andamento e conseguem desvirtuar o conteúdo dos projetos de reforma, como no caso dos impostos sobre as transações financeiras na Europa, onde verdadeiras não reformas são apresentadas por grandes investimentos publicitários. Esses grupos de pressão trabalham nos bastidores para que os governos, que deveriam representar os interesses dos eleitores, e os bancos centrais, supostamente independentes do poder político, na realidade se mantenham sob a influência do setor financeiro. Os *lobbies* estão na origem de uma manipulação em grande escala da opinião pública. O ingrediente fundamental

A CRISE PERMANENTE **119**

é o medo de desagradar aos mercados financeiros. Acenar com esse medo permite aplicar políticas que respondem aos interesses de uma casta ultraminoritária, mas que são perigosas para o mais comum dos mortais.

A ausência de implementação de medidas efetivas dá à crise um caráter permanente. Desde que ela começou, pouco foi realizado, apesar das novas regulações e das numerosas reuniões organizadas no mais alto nível e das respectivas orquestrações mediáticas. Contrariamente às declarações de muitos banqueiros e reguladores, a resiliência do sistema financeiro não melhorou realmente.

Esse caráter quase permanente é resultado de uma pseudodemocracia em que os eleitos em geral perdem de vista o dever de agir para o bem comum, ocupados em defender os interesses próprios e dos poderosos *lobbies* da finança. Resolver a crise, sanar o câncer que mina a sociedade requer essencialmente o respeito dos princípios de base: de um lado, reanimar a democracia, resgatá-la do estado de coma e, por outro lado, pôr a economia a serviço da sociedade. Para satisfazer o segundo princípio, torna-se essencial reduzir a complexidade do setor financeiro, o que requer medidas simples, transparentes e consignadas a um número limitado de páginas. As novas regulações são demasiado complexas e longas. Por exemplo, as regulações de Basileia III correspondem a um documento de cerca de seiscentas páginas, dificilmente aplicável, enquanto as precedentes, Basileia I e II, eram da ordem de trinta e de trezentas páginas, respectivamente. Essa tendência inflacionista é contraproducente, visto que só os grandes bancos dispõem dos recursos necessários ao tratamento e à aplicação dessas medidas. Os institutos de dimensão reduzida têm a maior dificuldade em se adaptar e tendem a procurar se integrar em grandes bancos, que assim continuam crescendo.

Adotar esses princípios simples supõe a aplicação de medidas sérias, adaptadas aos problemas. Propomos a seguir algumas dessas medidas. Devido à gravidade da situação atual, descrita neste livro, talvez alguns pensem que se trata somente de tratamentos paliativos, e que tais medidas não têm potencial para realmente sanar a sociedade. Ora, ao focalizar na democracia, assim como sobre o setor financeiro, que é central na expansão da economia-cassino, essas medidas seriam capazes de gerar o impacto procurado.

Alguns leitores acharão que as medidas são irrealistas. Certamente sua aplicação é difícil, mas, ao se atacar o núcleo dos problemas, elas permitirão remediar numerosos males atuais.

Medidas para reanimar a democracia

– Instaurar uma verdadeira democracia direta, de modo que o cidadão possa propor que temas sujeitos a controvérsia sejam debatidos e, finalmente, decididos por meio de um referendo, como ocorre na Suíça. Em países como a França, a Alemanha, a Inglaterra ou a Itália, o número de assinaturas necessárias para organizar um referendo não deveria passar de 1 milhão. É inconcebível que em países considerados democráticos, questões essenciais – sejam elas de natureza política, energética, social, econômica ou financeira – não sejam tratadas democraticamente e que acabem relegadas ao arbítrio do príncipe. Que um monarca seja eleito não lhe retira nada de sua qualidade de monarca, e isso *a fortiori* se, uma vez eleito, ele esquece seu programa de candidato e se, por outro lado, toma decisões arbitrárias sob a pressão de *lobbies* poderosos. Na França, por exemplo, o monarca eleito por cinco anos dispõe de um palácio, o Eliseu, dotado de um orçamento de 100 milhões de euros por ano, e de um número exagerado de colaboradores, cerca de oitocentas pessoas a seu serviço: cozinheiros, motoristas, um cabeleireiro titular, sem esquecer os especialistas de comunicação e bajuladores de todo tipo. Quando se desloca no interior do país, aproximadamente mil membros das forças de segurança são mobilizados![4]

---

4 O general De Gaulle queria, em suas palavras, "restaurar 159 anos de História", isto é, pôr um "rei" à frente da França, reparando a morte do rei Luís XVI em 1793.

A instauração de uma democracia direta passará provavelmente pela criação em nível internacional de uma rede de cidadãos que deveria se organizar em torno de alguns princípios de base. Os problemas graves aos quais somos confrontados, tanto econômicos quanto sociais e ambientais, requerem soluções globais. O objetivo dessa rede seria encontrar essas soluções e tratar de implementá-las, assim como, de modo geral, tentar reanimar a democracia. Políticos profissionais não teriam realmente seu lugar nesse tipo de estrutura. O fato de serem remunerados por militantes ou fundos públicos é contraproducente. Pois, por um lado, os políticos estão alheados do mundo real a que se deveriam dedicar e, por outro, tais remunerações abrem as portas à corrupção e a delitos de toda ordem. Uma rede de cidadãos que funcione sem políticos profissionais evita que seus membros paguem cotizações e limita os desvios de fundos inerentes a esse sistema, como se constata em muitos países, dentre os quais o Brasil, Portugal, os Estados Unidos e a França... Um sistema de financiamento coletivo pontual, realizado local e diretamente pelos membros dessa rede, permitiria financiar suas atividades: sites na internet, reuniões de informação, campanhas...

– Evitar que a luta contra o terrorismo seja mais um pretexto para expor todos os cidadãos a um controle permanente, como é doravante o caso particularmente nos Estados Unidos e na França, depois dos atentados de 11 de setembro de 2001, em Nova York, e os de Paris em janeiro e novembro de 2015. Os cidadãos têm direito ao respeito de sua vida privada. É intolerável que, em uma democracia, as ligações telefônicas sejam escutadas, que as mensagens eletrônicas sejam lidas, e isso de forma contínua. Deveria ser instaurado um controle democrático sobre as instituições que executam essa vigilância em grande escala.

– Assegurar-se de que a liberdade de imprensa não seja apenas teórica, mas que funcione efetivamente na prática. Em particular, no caso dos jornais digitais, que, para conservar sua independência, excluem todo financiamento de tipo publicitário. Esses não deveriam ser sufocados por um IVA escandalosamente elevado.

Medidas relativas ao setor financeiro

1) Regulação do setor financeiro

– O endividamento dos bancos deveria ser fortemente limitado. Os capitais próprios, que correspondem no melhor dos casos a 4% ou 5% do total de seus compromissos, deveriam representar pelo menos 20% a 30%, como era geralmente o caso no século XIX e no começo do século XX.[5] Quando uma família se endivida para comprar uma casa, exige-se um aporte de capital da ordem de 20% do valor do bem imobiliário. Porém, 4% não é o suficiente. Por que razão os grandes bancos, para os seus próprios negócios, poderiam exonerar-se das exigências que impõem aos seus clientes?

Graças a um *lobby* intenso, esses institutos conseguiram enfraquecer as versões iniciais dos acordos ditos de Basileia III,[6] em que um dos objetivos consistia precisamente em limitar seus endividamentos gigantescos. Aliás, são esses mesmos bancos, resgatados em 2008, que soltam gritos horrorizados quando acusam os países desenvolvidos de ter endividamentos colossais, mesmo que esses últimos tenham sido justamente agravados pelo apoio financeiro que receberam.

Além disso, limitar as percentagens de endividamento dos grandes bancos só terá um efeito verdadeiramente estabilizador se essa medida for acompanhada de uma redução substancial de suas atividades fora dos balanços, ou seja, de uma limitação drástica da difusão de produtos derivados.

De fato, para obter uma imagem mais realista de seus endividamentos, seria necessário considerar o conjunto de seus com-

---

5 O livro *Os banqueiros vão nus*, de Anat Admati e Martin Hellwig, é uma referência interessante no que diz respeito aos capitais próprios dos bancos.

6 Os acordos de Basileia III, publicados pelo comitê de Basileia (alojado no Banco de Compensações Internacionais, em inglês Bank for International Settlements, BIS) em dezembro de 2010 e revistos em junho de 2011, visam regular o sistema bancário a fim de estabilizar o sistema financeiro. Essas tentativas continuam sendo bastantes tímidas e permanecem sob controle dos *lobbies* financeiros.

A CRISE PERMANENTE   **123**

promissos: os que estão dentro e os que estão fora do balanço, caracterizados por uma grande opacidade. Os fundos comuns de créditos, por exemplo, são em geral entidades *ad hoc* – a criatividade financeira não conhece limites – que permitem aos bancos tornar seus balanços mais atraentes, "exfiltrando" seus ativos suspeitos e créditos irrecuperáveis. Seus verdadeiros riscos são assim camuflados e seus compromissos parecem menos importantes do que são na realidade. Se os capitais próprios forem comparados ao conjunto dos compromissos, no e fora do balanço, como deveria ser o caso, é provável que correspondam a percentagens ainda menores que os 4% ou 5% anunciados oficialmente.

– Os bancos de investimento deveriam ser separados dos bancos de depósitos, como era o caso nos Estados Unidos na vigência do Glass-Steagall Act, até 1999. Essa separação protege as economias e depósitos dos clientes, já que proíbe aos bancos de investimento de usá-lo no quadro da finança-cassino. Isso seria um fator de estabilidade.

– A dimensão dos bancos deveria ser limitada. Os poderosos conglomerados bancários são incitados a tomar riscos sem ter de assumir as consequências, beneficiando-se de um seguro gratuito à custa do contribuinte.

– As remunerações astronômicas dos dirigentes dos grandes bancos deveriam cessar. Atualmente, as *stock options* incitam seus detentores a proceder a apostas, em vez de investimentos. Os eventuais prejuízos são assumidos pelo cliente, o empregado, o acionista, o aposentado e, finalmente, o contribuinte.

– Nos grandes bancos, os centros de gestão e controle de riscos são de eficácia muito limitada. Deveriam ser reconfigurados. Seria mais útil pagar bônus aos empregados desses serviços, em vez de premiar os *traders*. Ora, infelizmente, hoje se observa o inverso, o que demonstra onde se situam as prioridades dos grandes bancos.

– As atividades dos fundos especulativos deveriam ser fortemente regulamentadas e controladas. O poderio do sistema bancário paralelo (*shadow banking system*, em inglês), de que fazem parte esses fundos, é inquietante. O sistema paralelo é nocivo para a economia.

2) Certificação e controle dos produtos distribuídos pelos bancos

– Os produtos financeiros deveriam ser certificados antes de ser comercializados, de modo a satisfazer um certo número de regras, como é o caso em outros ramos de atividade, como o setor farmacêutico, alimentar, automobilístico... Uma autoridade de supervisão deveria ser responsável pela certificação desses produtos, com o objetivo de evitar a difusão de produtos financeiros tóxicos.

– A difusão de produtos tóxicos deveria representar um delito no setor financeiro, como é, ou deveria ser, em todos os outros setores econômicos. Uma tal difusão deveria ser percebida como prejudicial à estabilidade econômica, devido ao crescimento do risco sistêmico que ela induz.

– As práticas de *securitização*, ou titularização, definidas no Capítulo 4, deveriam ser estritamente enquadradas ou até mesmo proibidas. Permitir aos bancos revender suas dívidas duvidosas os incita a ser menos cuidadosos no que diz respeito às condições de concessão de créditos imobiliários aos seus clientes.

– As transações financeiras no mercado de balcão – isto é, fora da bolsa – deveriam ser regulamentadas: são fonte de risco sistêmico adicional. Os produtos financeiros, considerados derivados, deveriam ser tratados de forma transparente em mercados organizados ou no mercado de balcão e corresponder, principalmente, a produtos de cobertura. A difusão de produtos financeiros permitindo apostar sobre a falência de empresas ou países, como é o caso dos Credit Default Swaps, seria, dessa forma, estritamente limitada.

3) Impostos e tributação de transações financeiras

– Cessar a hipocrisia no que diz respeito à evasão fiscal, que poderia ser eliminada se esse fosse realmente o desejo dos países da OCDE. Os Estados Unidos permitiram ao estado de Delaware transformar-se em um paraíso fiscal, onde criar uma empresa fictícia é uma brincadeira de criança. Bastaria que os países da OCDE interditassem qualquer transação proveniente ou destinada aos paraísos fiscais para que o problema fosse em grande parte resolvido. Cessar a hipocrisia nessa área implica também se certificar de que os responsáveis políticos europeus, e em particular o presidente da Comissão Europeia, que supostamente deveriam lutar contra a evasão fiscal, não sejam precisamente os que a promoveram e organizaram, à custa de outros países europeus e em benefício do seu. As revelações "LuxLeaks", de novembro e dezembro de 2014, expuseram os acordos fiscais secretos assinados desde 2002, entre mais de trezentas empresas multinacionais e os serviços fiscais de Luxemburgo, que permitiram a essas empresas – dentre as quais Pepsi, Ikea, FedEx, Walt Disney, Skype, Bombardier e Koch Industries, assim como outras, incluindo uma dezena de empresas gregas – escapar em grande parte do imposto em seu país de origem. Essas atividades ilícitas foram realizadas graças à criação de companhias ditas "caixas postais", ou seja, sem atividade real em Luxemburgo, e pela utilização de montagens contabilísticas e fiscais particularmente complexas e opacas, criadas pelas maiores empresas de consultoria especializadas no assunto, como a Pricewaterhouse-Coopers, a Ernst & Young, a Deloitte e a KPMG; as mesmas aliás que aconselham numerosos governos pelo mundo inteiro em relação à regulamentação fiscal e ao conteúdo da política econômica![7] Uma brincadeira de mau gosto.

Essas montagens foram tramadas com a anuência das mais altas autoridades do país. Como pôde Jean-Claude Juncker, que foi ministro das Finanças, depois primeiro-ministro de Luxemburgo e grande defensor do "modelo luxemburguês", ser eleito, em 2014, presidente da Comissão Europeia? A mesma Comissão que repreende a Grécia e a intima a reduzir drasticamente seu déficit, presidida pelo ex-dirigente de um país que permitiu a empresas ativas na Grécia praticar a evasão fiscal à custa de República Helê-

---

7 Veja Ludovic Lamant e Dan Israel, LuxLeaks 2: le parlement européen prêt à enquêter, mais pas trop, *Mediapart*, 10 dez. 2014.

nica.[8] Estamos diante de uma farsa! E ainda por cima ele recusou a criação de um registro público das empresas de fachada ou "caixas postais", que permitem a evasão fiscal, para não falar na lavagem de capitais.[9]

Os prejuízos fiscais ligados às fraudes são gigantescos e as multas, raras. Em 2005, a KPMG foi, no entanto, condenada pela justiça americana a pagar 456 milhões de dólares em função de montagens suspeitas que valeram ao Tesouro Americano perdas fiscais de 2,5 bilhões. Em 2013, a Ernst & Young foi também condenada a pagar a quantia de 123 milhões de dólares. A otimização fiscal criada por essa empresa de consultoria tinha permitido a vários de seus clientes reduzir indevidamente seus impostos em um valor total que ultrapassava os 2 bilhões de dólares.

Na França, de acordo com uma pesquisa apresentada pela rede de televisão France 2 no dia 9 de dezembro de 2014, uma empresa como a EDF, da qual o Estado Francês detém 84% do capital, teria também "otimizado" seus impostos graças à utilização de suas filiais de Luxemburgo e Irlanda e, ainda, à participação em uma empresa situada nas Bermudas![10] O fisco francês teria assim, ano após ano, perdido bilhões de euros de impostos.

– A carga fiscal é por demais elevada para a maioria dos lares e das PME (pequenas e médias empresas). Está mal repartida e traduz um mau funcionamento do Estado. Na era da digitalização, taxar tanto o trabalho é contraproducente. O sistema fiscal é arcaico, injusto e de uma complexidade descomunal. O código fiscal dos

---

8 Da mesma forma, o holandês Jeroen Dijsselbloem, ex-presidente do Eurogrupo, é ex-ministro das Finanças de um país que permite, graças à sua legislação laxista, a uma empresa de mineração como a canadense Eldorado contornar o fisco de um país no qual ela está implantada: a Grécia. O déficit assim gerado seria de pelo menos 1,7 milhão de euros. Veja: Dan Israel, Comment la Grèce voit ses impôts s'évaporer via l'Europe, *Mediapart*, 31 mar. 2014.

9 Veja Dan Israel, Juncker refuse de rendre publiques les données sur les sociétés-écrans, *Mediapart*, 12 mar. 2014.

10 Veja o artigo intitulado Optimisation fiscale: EDF indirectement mis en garde par le gouvernement, *Le Monde.fr*, 10 set. 2014.

A CRISE PERMANENTE   **127**

Estados Unidos ilustra essa deriva kafkiana: contém cerca de 75 mil páginas![11] O setor financeiro tomou o poder, o que significa o fracasso da democracia. A dinâmica que ele impõe é contrária ao desenvolvimento social e econômico. É necessário rever radicalmente o sistema fiscal. Para isso, uma constatação se impõe: o volume das transações eletrônicas é descomunal: na Suíça e em muitos outros países desenvolvidos, ele é, respectivamente, da ordem de 150 e 100 vezes o PIB nacional correspondente.

Deveria ser criado um imposto sobre todos os pagamentos eletrônicos:[12] uma taxa de 0,2%, ou de 0,5% seria pequena em comparação com o IVA, mas certamente já muito elevada para os *lobbies* do setor financeiro. Dado o volume dos valores em circulação, representaria um verdadeiro presente para a maioria dos Estados, hoje excessivamente endividados.

Para dar uma ideia dos fluxos que tal imposto poderia gerar, o exemplo da Suíça é particularmente interessante. Em 2017, as transações eletrônicas atingiram uma quantia enorme, pelo menos 100 trilhões de francos![13] Um imposto, nem que fosse de 0,2% sobre

---

11 Em 1913, compreendia apenas quatrocentas páginas. Essa complexidade gera custos enormes para os contribuintes americanos. Cada ano, cerca de 6,1 bilhões de horas são gastas tentando compreender as passagens pertinentes do código e a preencher a declaração fiscal; o que corresponde a um custo total de cerca de 234 bilhões de dólares. Veja Scott Greenberg, Federal Tax Laws and Regulations are Now Over 10 Million Words Long, *Tax Foundation*, 8 out. 2015.

12 Que eu saiba, essa ideia foi inicialmente introduzida nos anos 1970 por René Montgranier, que a apresentava como "o ovo de Colombo". Veja: *La clé de la crise*, p.108-20, e o artigo Pour une taxe sur tous les mouvements de fonds, *Multitudes* 3/2011. Nos anos 1990, o professor Edgar Feige, da Universidade do Wisconsin, e ulteriormente Simon Thorpe, diretor de pesquisa no CNRS em Toulouse, além de Bernard Dupont em Genebra, desenvolveram uma ideia semelhante. Felix Bolliger, em seu artigo Reinvent the System – Mikrosteuer auf Gesamtzahlungsverkehr (Felix Bolliger Aktiengesellschaft, Zurique, 2013), trabalhou também com esse conceito.

13 Veja o anexo 2 do boletim mensal de estatísticas econômicas do Banco Nacional Suíço (BNS), de abr. 2013: *Trafic des paiements dans le Swiss Interbank Clearing SIC*, citado por Felix Bolliger. O método de cálculo do BNS foi

cada uma das transferências eletrônicas teria rendido ao país 200 bilhões de francos, quer dizer, quase um terço do PIB suíço. Essa quantia é superior à soma de todos os impostos coletados no país, estimada em cerca de 140 bilhões de francos suíços. Resumindo, um imposto insignificante de caráter automático sobre todos os pagamentos eletrônicos permitiria, teoricamente, à grande maioria dos países reduzir, e mesmo abolir, a maioria dos outros impostos! Teoricamente, claro, visto que tal imposto teria como efeito reduzir as transações no mercado de ações, de obrigações, de divisas... Portanto, seria preciso aumentá-lo até 0,5% para que ele rendesse o necessário. Uma redução do volume das transações financeiras seria, contudo, muito útil porque permitiria diminuir a especulação desenfreada nos mercados financeiros. Uma taxa desse tipo teria também a vantagem de limitar seriamente a fraude fiscal, visto que em princípio todas as transferências eletrônicas seriam automaticamente detectadas e registradas. Aliás, uma iniciativa popular foi lançada na Suíça. Trata-se de introduzir uma microtaxa e de reduzir, ou até mesmo eliminar, outros impostos como o IVA/ICMS e o imposto federal direto.

No caso da França e da Alemanha, como para a maioria dos países, entre eles Brasil e Portugal, estimando prudentemente que o conjunto das transações financeiras eletrônicas corresponda a cem

---

modificado entre janeiro e abril de 2013 e o tráfico dos pagamentos passou assim de cerca de 95 trilhões de francos a cerca de 30 trilhões. As transferências entre as contas-correntes dos bancos para o BNS e suas contas de operações no sistema SIC foram, a partir dessa data, excluídas dos dados. Apesar dessa redução estatística, as transferências financeiras conservam-se extremamente elevadas, visto que o sistema SIC só abrange uma parte delas. De fato, é necessário levar em conta aquelas que, no mercado de câmbio, dizem respeito ao franco, o que acrescenta uma quantia da ordem dos 30 bilhões de francos por ano, quantia operada no balcão ou na plataforma EBS. Seria também necessário levar em conta as transações efetuadas no interior de cada um dos estabelecimentos financeiros, as operações sobre produtos derivados e se assegurar de que as transações de alta frequência tenham sido realmente consideradas... A estimativa de 100 trilhões de francos para o total das transações parece, em consequência, bastante prudente.

A CRISE PERMANENTE **129**

vezes o PIB, uma taxa de 0,3% bastaria para gerar uma quantia que ultrapassaria o conjunto das atuais receitas fiscais.[14]

No caso particular do Brasil, a microtaxa difere da CPMF e do IOF por duas razões principais. Trata-se de tributar todas as transações eletrônicas e não somente as correspondentes a determinadas operações. Com efeito, e isso difere do IOF, também são taxadas todas as transações financeiras interbancárias. E são precisamente essas últimas que iriam gerar uma enorme base tributária. A microtaxa permite reequilibrar a carga fiscal deslocando, parcialmente, a carga da população e das empresas para o sistema financeiro, onde circula uma massa de riqueza extraordinária.[15] A PEC 45 é uma iniciativa contraprodutiva, inadaptada ao contexto atual. Ela provocaria uma elevação de carga tributária para a economia em geral. Um aumento de IVA sufocaria a economia brasileira. No Brasil, também seria o caso de reduzir gradativamente e depois eliminar o IVA, graças a uma microtaxa.

Assim, uma microtaxa de caráter simples, automático e único, com um custo de coleta particularmente baixo, deveria ser internacionalmente plebiscitada tanto pelos Estados como pelos contribuintes e a maioria das empresas, visto que significaria uma simplificação do trabalho administrativo e, ainda, um corte importante nos impostos. Ora, ela nem sequer é cogitada! Por quê? Porque essa taxa tem o defeito óbvio de desagradar aos grandes bancos e fundos especulativos, responsáveis pela esmagadora maioria das transações financeiras. Com a taxa, esses estabelecimentos financeiros pagariam mais impostos do que pagam atualmente e seria mais difícil levar a cabo a otimização fiscal e as demais astúcias!

Um imposto desse tipo permitiria também reduzir a volatilidade das cotações e teria ainda o efeito positivo de quase eliminar as transações financeiras efetuadas ao milissegundo ou microssegundo.

---

14 Veja: Julien Marion, Un économiste veut remplacer tous les impôts par une seule taxe, *BFM*, 30 out. 2016.
15 Veja: Marc Chesney, Microtaxa como resposta à overdose fiscal, *Folha de S. Paulo*, 12 out. 2019.

130 MARC CHESNEY

Convém ainda acrescentar que uma taxa desse tipo, mesmo introduzida em um número limitado de países, já seria útil. Por um lado, estabilizaria a economia de tais países, visto que as atividades da finança-cassino teriam tendência para se deslocar para o exterior. Por outro lado, teria um efeito de estímulo sobre os cidadãos e empresas dos outros países, que constatariam, com interesse, que é realmente possível reduzir os impostos e simplificar o sistema fiscal.

Além disso, convém sublinhar que esse imposto é diferente da famosa taxa Tobin. Ele não se somaria aos impostos já existentes, mas os substituiria, reduzindo a carga fiscal da maioria dos lares e das empresas, em particular das PME, e aumentando a do setor financeiro, que é hoje subtaxado.[16] Ademais, não se trata de submeter ao imposto unicamente as transações financeiras sobre ações, obrigações ou divisas, mas o conjunto dos pagamentos eletrônicos, incluindo, por exemplo, os que cobrem faturas de supermercado, de restaurantes ou os saques de dinheiro no caixa eletrônico.

Em 2012, onze países europeus tinham decidido estudar o princípio de uma "taxa Tobin" e instaurar, a título experimental – nunca se é prudente demais –, uma taxa sobre as transações financeiras, ou "TTF". Esse projeto, muito menos ambicioso que o da Comissão Europeia em 2011, deveria ter gerado pouco mais de 30 bilhões de euros por ano. Hoje, numerosas dúvidas pesam sobre a realização desse projeto. À hora em que escrevo este livro, o indubitável é que, se ela fosse finalmente aplicada, seria sob a forma de uma versão sem alcance real, em contradição com os compromissos dos chefes de Estado e de governo desses onze países. Mais uma vez se faz sentir a pressão de poderosos grupos de interesses. No fim de 2014, o ministro francês de Economia, Michel Sapin, já previa uma taxa que se limitava a abranger as ações e excluía a maioria dos produtos derivados. A taxa atualmente em vigor na França é de 0,3%, contra 0,5% na Inglaterra (Imposto de Selo). E essa taxa só se aplica à compra de

---

16 Veja a esse respeito as declarações de Gerry Rice, porta-voz do FMI em Washington, de 31 de janeiro de 2013. Segundo ele, "o setor financeiro é subtaxado e deve pagar uma parte equitativa de impostos a fim de atenuar o custo da crise atual…".

ações de empresas francesas cuja capitalização na bolsa seja superior a 1 bilhão de euros.[17] Mas os *lobbies* financeiros estão pressionando para que a taxa permaneça com amplitude bem limitada. Os instrumentos derivados sobre ações não serão submetidos a ela, nem está previsto que o sejam. Uma dádiva muito bem-vinda para os grandes bancos franceses, como o BNP Paribas, a Société Générale ou o Crédit Agricole, muito ativos nesse tipo de produto! Assim, os lucros sobre as atividades não serão reduzidos e, em caso de prejuízo, o contribuinte assumirá o resgate! Será que se trata do empreendedorismo tão elogiado pelos governos franceses que se têm sucedido, ou do enésimo episódio de uma farsa grotesca? O leitor já deve ter compreendido que o autor deste livro privilegia a segunda hipótese!

Caso se confirme o aumento para 0,3%, a taxa deverá render ao Estado francês entre 2 bilhões e 4 bilhões de euros, a comparar com os cerca de 545 bilhões de euros que a microtaxa apresentada anteriormente geraria, a 0,25%[18] sobre o conjunto das transações eletrônicas. Isso deixa claro como os atuais projetos, apresentados como ambiciosos e destinados a obrigar o setor financeiro a contribuir para a solução dos problemas que ele mesmo criou, são essencialmente inadaptados. Só são recolhidas migalhas da festa cotidiana em que o setor financeiro se deleita, à custa da sociedade.

Christian Chavagneux e Thierry Philipponnat[19] descrevem em sua obra os elos que unem o mundo político e o da finança. Segundo eles,

> na França, a vinculação é sobretudo sociológica, devido ao bem conhecido sistema de portas giratórias entre os cargos públicos e os privados, e de consanguinidade das elites financeiras. Essa situação, combinada com a extrema concentração do sistema bancário francês, explica a vontade de Paris, não confessada, mas bem real, em não reformar a estrutura dos bancos.

---

17 Trata-se de transações intradiárias, mas não as efetuadas à alta frequência.
18 Esse valor corresponde a um quarto do PIB francês, o que em 2015 representava 2,2 trilhões de euros.
19 Christian Chavagneux e Thierry Philipponnat, *La capture.*

132   MARC CHESNEY

A porosidade entre os setores políticos e os *lobbies* financeiros foi ainda recentemente ilustrada, em novembro de 2014, pela transferência[20] do responsável pelas "questões financeiras e monetárias" na representação permanente francesa junto às instituições europeias, Benoît de la Chapelle, para a Federação Bancária Francesa (FBF), onde ocupa agora as funções de diretor delegado desse conhecido *lobby* do setor bancário francês. No momento em que as negociações em Bruxelas, relativas à introdução de uma taxa sobre as transações financeiras, permaneciam em um impasse, um dos porta-vozes e especialistas franceses no tema, que deveria defender a taxa, é cooptado por um *lobby* ferozmente oposto à sua introdução! O leitor julgará se se trata de aliciamento ou de corrupção das elites, ou ambos!

4) Auditoria da dívida e controle da agência de avaliação de risco

O endividamento de muitos Estados é desproporcional. É previsível que haja não cumprimentos. Seria desejável uma auditoria da dívida[21] de alguns países, como a da Grécia, em particular se a anulação parcial de sua dívida continuar a ser recusada pelos credores. Em março de 2015, a criação, por iniciativa da ex-presidente do Parlamento grego, Zoé Konstantopoulou, da Comissão para Verdade sobre a dívida pública grega é um primeiro passo nessa direção. "O objetivo é determinar o eventual caráter odioso, ilegal ou ilegítimo das dívidas públicas contraídas pelo governo grego", indicou. O artigo 7 do regulamento adotado em maio de 2013 pela União Europeia estipula efetivamente que

um Estado-membro objeto de um programa de ajustamento macroeconômico realize uma auditoria completa de suas finanças

---

20 Veja Ludovic Lamant, Taxe Tobin: les banques font leur marché chez les hauts fonctionnaires, *Mediapart*, 9 dez. 2014.

21 Veja a esse respeito as publicações do Comitê para a Anulação da Dívida do Terceiro Mundo (CATDM).

A CRISE PERMANENTE **133**

públicas a fim de, designadamente, avaliar as razões que levaram à acumulação de níveis de endividamento excessivos, assim como de identificar qualquer eventual irregularidade.

Uma ideia semelhante foi implantada no Equador pelo ex-presidente Rafael Correa. Trata-se de determinar, entre outros aspectos, se os contratos públicos que levaram a um aumento da dívida foram assinados ou não sob efeito da corrupção. Analisar a origem das dívidas permite distinguir entre as que serão reembolsadas e aquelas que não deveriam sê-lo.

No caso particular da Grécia, uma negociação séria entre os governos alemão e grego deveria tornar a situação mais clara. As dívidas mútuas desses países, um com o outro, deveriam ser levadas em consideração. Durante a Segunda Guerra Mundial, quando ocorreu a ocupação de seu território pelas tropas alemãs, a Grécia sofreu consideravelmente. Como escreveu a esse respeito o antigo resistente Manolis Glezos:[22] 13,5% da população sucumbiu,[23] 600 mil gregos morreram de fome e 105 mil foram deportados para campos de concentração, sem retorno. Além disso, um número importante de infraestruturas – trilhos de ferro, estradas – foi destruído durante a ocupação. As quantias em questão são enormes. Dizem respeito aos tesouros arqueológicos pilhados, ao empréstimo forçado dos nazis em 1941 (atualmente cerca de 54 bilhões de euros, sem os juros), à reparação dos danos da guerra, às indenizações das famílias das vítimas.

– As agências de avaliação de risco deveriam ser controladas porque têm um poder exorbitante, nocivo para a economia e a sociedade. O objetivo a curto prazo seria responsabilizar os dirigentes pelas notas emitidas pelas agências, de modo que respondessem à justiça em caso de quebra financeira ou de não cumprimento, acentuados por tais notas. A crise financeira deixou claro o perigo que

---

22 Manolis Glezos, *Mesmo se se tratasse apenas de um marco alemão.*
23 A comunidade judia de Salônica foi quase totalmente exterminada pelos nazistas: cerca de 54 mil pessoas, de um total de 56 mil, foram assassinadas.

as agências representam ao atribuir as melhores notas aos produtos financeiros mais suspeitos. Se tivessem trabalhado de forma mais objetiva, teriam provavelmente perdido os contratos com os bancos que as remuneram diretamente. Desde 2010, elas tentam melhorar sua imagem, mostrando-se particularmente estritas com alguns países, dentre os quais a Grécia. Uivar com os lobos é uma tentação.

5) Repensar o ensino da Economia

Os programas e conteúdo dos cursos de Economia e de Finanças no nível acadêmico deveriam ser repensados com a máxima atenção, como reclama, por exemplo, o abaixo-assinado dos professores pesquisadores lançado em 2011 e mencionado no capítulo precedente. Ao consultar os planos dos cursos, chegamos a duvidar que tenha efetivamente ocorrido uma crise em 2007-2008! Seria essencial analisar os estragos que ela causou e tirar as devidas consequências. Ora, isso não parece ser uma prioridade acadêmica! Batalhões de novos diplomados saem todos os anos do sistema educativo com um máster em Finanças ou um MBA, sem que a formação que receberam lhes tenha inculcado o necessário espírito crítico. São formados para aplicar a lógica financeira e, em última instância, a da finança-cassino em detrimento de todas as outras: a da sociedade, da economia, de setores de atividade particulares e mesmo a da empresa em que trabalharão.

Conclusão

Finalmente, a aplicação de todas essas medidas requer da parte dos cidadãos, assim como dos políticos, capacidade de análise, vontade de encontrar verdadeiras soluções e... muita coragem. O autor tem consciência do que sua realização implica, em termos de esforços a ser realizados, das dificuldades futuras e do tempo necessário. Paradoxalmente, tirar a sociedade e a economia desse impasse no qual se encontra é prioritário, para não dizer urgente. Em última instância, trata-se de uma escolha da sociedade, entre a ditadura do setor financeiro e uma democracia na qual os cidadãos ativos tomam seu futuro nas mãos.

Temos um compromisso em relação às gerações atuais e futuras, que têm o direito imprescritível de viver de maneira decente e digna, em uma sociedade responsável e civilizada.

REFERÊNCIAS BIBLIOGRÁFICAS

ADMATI, Anat; HELLWIG, Martin. *Os banqueiros vão nus*. Lisboa: Trajectos, 2015.

BENDA, Julien. *A traição dos intelectuais*. Trad. de Paulo Neves. São Paulo: Peixoto Neto, 2007.

BERGER, Suzanne. *Notre première mondialisation*: Leçons d'un échec oublié. Paris, République des Idées/Seuil, 2003.

BLACK, Edwin. *IBM e o Holocausto*. Rio de Janeiro: Campus, 2001.

CENDRARS, Blaise. *La main coupée* (1946). Paris: Gallimard, Folio, 2002.

CHAVAGNEUX, Christian; PHILIPPONNAT, Thierry. *La Capture*. Paris: La Découverte, 2014.

CHESNEY, Marc. L'économie financiarisée et ses faux-monnayeurs. In: Bähler, Ursula; Labarthe, Patrick (orgs.). *La Littérature face à l'hégémonie de l'économique*. Paris: Versants, 2011.

DOSTOIÉVSKI, Fiódor. *Diário de um escritor*. Trad. de Daniela Mountian. São Paulo: Hedra, 2016.

DU GARD, Roger Martin. *Les Thibault*. Paris: Gallimard, 1955. Bibliothèque de la Pléiade, vol. II. [Ed. bras.: *Os Thibault*. São Paulo: Globo, 2012].

FEJTÖ, François. *Requiem pour un empire défunt*. Paris: Lieu Commun, 1988.

FERGUSON, Niall. *The Pity of War*. Allen Lane/Penguin Press, 1998. [Ed. bras.: *O horror da guerra*. São Paulo: Planeta, 2018].

138 MARC CHESNEY

FEYDER, Jean. *La faim tue*. Paris: Editions L'Harmattan, 2011.

FLEMING, Michael J.; SARKAR, Asani. *The Failure Resolution of Lehman Brothers*. Federal Reserve Bank of New York, 2014.

GENTILE, Emilio. *L'apocalisse della modernità*: La Grande Guerra per l'uomo nuovo. Milano: Mondadori, 2008.

GLEZOS, Manolis. *Mesmo se se tratasse apenas de um marco alemão*. Atenas: Edições Livanis, 2012.

GREENWALD, Glenn. *No place to hide*. New York: Metropolitan Books, 2014.

HESSEL, Stéphane. *Indignai-vos!* Lisboa/São Paulo: Leya, 2011.

HUFFINGTON, Arianna. *Third world America*. New York: Crown Publisher, 2009.

JOHNSON, Simon; KWAK, James. *13 Bankers, The Wall Street takeover and the next financial meltdown*. New York: Pantheon Books, 2010.

JONES, Daniel Stedman. *Masters of the Universe, Hayek, Friedman and the birth of Neoliberal Politics*. Princeton: Princeton University Press, 2012.

KAUFMAN, Frederick. *Bet the farm*: how food stopped being food. New Jersey: Wiley, 2012.

KEYNES, John Maynard. *The general theory of employment, interest and money*. Macmillan Cambridge University Press, 1936. [Ed. bras.: *Teoria geral do emprego, do juro e da moeda*. São Paulo: Saraiva, 2009].

KRAUS, Karl. *Os últimos dias da humanidade*. Prefácio, tradução do alemão por António Sousa Ribeiro. V. N. de Famalicão: Edições Húmus/ TSNJ, 2016.

LEITENBERG, Milton. *Deaths in wars and conflicts in the 20th century*. New York: Cornell University, Peace Studies Program, 2006.

LEWIS, Michael. *Flash boys*: A Wall Street revolt. New York: W. W. Norton & Company, 2014. [Ed. bras.: *Flash boys*: revolta em Wall Street. Rio de Janeiro: Intrínseca, 2014].

LIIKANEN, Erki et al. *High-level Expert Group on reforming the structure of the EU banking sector*. Brussels, 2012.

MANN, Heinrich. *Die Verräter*. Sämtliche Erzählungen III. Berlin: S. Fischer, 1996.

MUSIL, Robert. *Der Mann ohne Eigenschaften*. Berlin: Rowohlt Verlag, 1930-1933. [Ed. bras.: *O homem sem qualidades*. Trad. de Lya Luft e Carlos Abbenseth. Rio de Janeiro: Nova Fronteira, 2015].

NIETZSCHE, Friedrich Wilhelm. *Also sprach Zarathustra*. Ed. de Giorgio Colli e Mazzino Montinari. Berlin: Walter de Gruyter, 1968. [Ed.

bras.: *Assim falou Zaratustra*. Trad. de Paulo César de Souza. São Paulo: Companhia de Bolso, 2018].

_____. *Humano, demasiado humano*. Trad. de Paulo César de Souza. São Paulo: Companhia de Bolso, 2005.

NYBORG, Kjell G. *Collateral frameworks*: the open secret of central banks. Cambridge: Cambridge University Press, 2017.

PERILLO, Chiara; BATTISTON, Stefano. *Real implications of quantitative easing in the euro area*: a complex-network perspective. Universidade de Zurique, 2018.

PIKETTY, Thomas. *Le capital au XXIe siècle*. Paris: Éditions du Seuil, 2013. [Ed. bras.: *O capital no século XXI*. Rio de Janeiro: Intrínseca, 2014].

POINCARÉ, Raymond. *Au service de la France*. Paris: Plon, 1927, t.IV.

PORTES, Richard; BALDURSSON, Fridrik Mar; OLAFSSON, Frosti. *The internationalisation of Iceland's financial sector*. Iceland Chamber of Commerce, 2007.

REMARQUE, Erich Maria. *Im Westen nichts Neues*. Berlin: Kiepenheuer & Witsch, Ullstein AG, 1929. [Ed. bras.: *Nada de novo no front*. Trad. de Helen Rumjanel. Porto Alegre: L&PM, 2004].

RÜGEMER, Werner. *Rating-Agenturen, Einblicke in die Kapitalmacht der Gegenwart*. Bielefeld: Transcript Verlag, 2012.

SINN, Hans-Werner. *Casino capitalism*. Oxford: Oxford University Press, 2012.

SMITH, Adam. *An inquiry into the nature and causes of the wealth of nations*. London: Methuen & Co., Ltd., 1904. [Ed. bras.: *A riqueza das nações*. São Paulo: WMF Martins Fontes, 2016].

TOLSTÓI, Liev. *A sonata a Kreuzer*. Trad. de Boris Schnaiderman. São Paulo: Editora 34, 2007.

VITALI, Stefania; GLATTFELDER, James B.; BATTISTON, Stefano. *The network of global corporate control*. PLoS one, v.6, n.10, 2011.

VON HAYEK, Friedrich August. *Der Weg zur Knechtschaft*. München: Olzog, 2009. [Ed. bras.: *O caminho da servidão*. São Paulo: Instituto Mises Brasil, 2010].

ZIEGLER, Jean. *Destruição em massa*: geopolítica da fome. São Paulo: Cortez, 2013.

SOBRE O LIVRO

Formato: 14 x 21 cm
Mancha: 23,7 x 42,5 paicas
Tipologia: Horley Old Style 10,5/14
Papel: Off-white 80 g/m² (miolo)
Cartão Supremo 250 g/m² (capa)
1ª edição Editora Unesp: 2020

EQUIPE DE REALIZAÇÃO

Capa
Negrito Editorial

Imagem de capa
© ImagePixel / iStockphoto

Edição de texto
Silvia Massimini Felix (Copidesque)
Tulio Kawata (Revisão)

Editoração eletrônica
Eduardo Seiji Seki

Assistência editorial
Alberto Bononi

Impresso por :

gráfica e editora

Tel.:11 2769-9056